JN078960

正義と平和の口づけ

日本カトリック神学の過去・現在・未来

高山貞美　原　敬子［編著］

上智大学神学部創設60周年記念講演会講演集

日本キリスト教団出版局

まえがき

上智大学神学部は二〇一九年に創設六十周年を迎えました。「日本のミヤコに大学を」というフランシスコ・ザビエルの夢を現実にたぐり寄せたのが、現在の上智大学であり神学部です。日本で唯一のカトリック神学部であり、教会の伝統とその教えを本格的に学ぶことができる教育機関としての役割を担っています。半世紀を超えるその歴史については、本書の中で百瀬文晃師が述べておられるように、幾つもの変遷を重ねてまいりました。

この大きな節目を祝って、「日本カトリック神学の過去・現在・未来」というテーマで、七月十三日、二十日、二十七日に、三週連続で講演会が開催されました。コンセプトとして、第一日目の十三日は過去の歴史（中世教会史・日本カトリック教会史・第二バチカン公会議）を現在につなぐ視点から、第二日目の二十日には神学の各分野（聖書学・教義学・実践神学）の立場から、そして第三日目の二十七日は、現代社会における教会の喫緊のテーマについて、すなわち、環境、いのち、正義と平和の問題を取り上げました。本書は、その講演会に基づく論文集です。

ところで、今回の講演会には、講師の一人に東京大司教区の菊地功大司教をお迎えし、「いのちへのまなざし——教会はなぜ人を助けるのか」という題目でお話をしていただきました。そのお話には、さまざまな問題が複雑に絡みあい地球規模で深刻化している現在、神から与えられたすべてのいのちを大切にするという視点に立ち、一つひとつの問題に誠実に向き合う姿勢が重要であるとの強い思いがこめられていました。ご自身のガーナでの宣教司牧活動、カリタスジャパンの代表者としての任務、ルワンダの難民キャンプでの爆破事件、バングラデシュでの少数民族への差別など、実際に現地に足を踏み入れなければ知ることのできないエピソードばかりでした。

ところで、平成から令和へ変わった二〇一九年は、折しもローマ教皇の訪日という特別の年となりました。教皇フランシスコは、長崎や広島でいのちの尊厳や核兵器廃絶について力強く語りかけ、訪日最終日の十一月二十六日には四谷キャンパスで、本校の学生たちにメッセージを送ってくださいました。その内容の一部をここに紹介させていただきます。

日本社会は効率性と秩序によって特徴づけられていますが、一方で、何かそれ以上のものを望み、探しているように見受けられます。よりいっそう人間らしく、もっと思いやりのある、もっといつくしみに満ちた社会を創り出したいという熱い望みを感じます（中略）良質な大学での勉学は、ごく少数の人の特権とされるのではなく、公正と共通善に奉仕する者という自覚がそこに伴われるべきです。それは、各自が働くよう課された分野で、めいめいが果たす奉仕なのです。わたしたち全員にとっての大義であり、ペトロがパウロに与えた今日でも明白な助言です。「貧しい人たちのことを忘れてはいけません」（ガラテヤ2・10参照）。

（教皇フランシスコ講話日本語訳文・カトリック中央協議会）

貧しい人や隅に追いやられた人とともに歩み、公正で誠実な人になりなさい。教皇のこのメッセージは、日々の仕事に忙殺され、ともすれば目標を見失いがちな私たちに、大学のミッションを、神学部の使命を確認させ、人間としてあるべき姿を優しくも厳しく指し示しています。

最後に、七月の記念講演会では多様な視点から魅力あふれる講演が行われました。丁寧に準備されたお話の一つひとつに改めて感謝の意を申し上げます。そして多くの方々のご尽力によって出版された本書が、将来に向けての福音宣教のため、またミッションスクールでの更なる学びのために最適な書籍の一つになることを切に願っております。

高山貞美

凡　例

一、聖書の書名表記や引用は原則として『聖書 新共同訳』（日本聖書協会）に準拠したが、筆者の意向で変更する場合にはその都度付記した。

二、本文中の〔　〕は、筆者によって補われた注や訳注を示す。

三、注は各論文の最後にまとめた。

正義と平和の口づけ――日本カトリック神学の過去・現在・未来　＊目次

まえがき……3
凡例……6
第Ⅰ部　聖書・神学からの照らし……9
いのちへのまなざし　菊地功　11
カトリック教義神学のきのう・今日・明日――恩恵論の視点から　光延一郎　32
J・H・ニューマンと第二バチカン公会議
――第二バチカン公会議の先駆けとしてのニューマン神学　川中仁　57
上智大学神学部六十年の歩みと今後の期待　百瀬文晃　90

第Ⅱ部　教会や世界への広がり……107

カトリック教会と神社参拝問題
――『エクス・イルラ・ディエ』対『マクシムム・イルド』　三好千春　109

「信仰のセンス」を識る――実践基礎神学の今日性　原　敬子　135

和解のための実践哲学――修復的正義の精神とその可能性　石原　明子　154

被造物のケアと社会的包摂――総合的なエコロジーをもとに　吉川　まみ　188

あとがき……219

編著者紹介……i

装丁　桂川　潤

第Ⅰ部　聖書・神学からの照らし

いのちへのまなざし

菊地　功

1　人間として生きることの本質

創世記のはじめに神がどのように天地創造を行ったのかという物語が二つあります。そのうちの最初の話、1章26―27節には、「神は言われた。『我々にかたどり、我々に似せて、人を造ろう。そして海の魚、空の鳥、家畜、地の獣、地を這うものすべてを支配させよう。』神は御自分にかたどって人を創造された。神にかたどって創造された。男と女に創造された」と記され、31節には「神はお造りになったすべてのものを御覧になった。見よ、それは極めて良かった」と記されています。

神はご自分に、すなわち完全、完璧な存在である神に限り無く近い似姿として人間を創造されたのだ。そして、私たち人間も含めて、被造物は神の目に適うよいものなのだ。

神を信じるわたしたちにとって、ここに人間の尊厳の根源があり、また、人間の「いのち」が大切にされなければならない理由があります。

「いのち」を考えるときに、教皇ヨハネ・パウロ二世が書かれた「いのちの福音」という回勅に触れないわけにはいきません。

人間のいのちはその初めから終わりまで、すべての段階において例外なく尊厳を護られ、さらにより良く生きられるように配慮しなくてはならない、そのように主張している回勅であります。

人間がいのちを与えられて存在をしていなければ、この世界は成り立ちません。つまり、森羅万象が成立する根源は、わたしたちがいのちを与えられていることにあります。ですから、いのちがある、いのちを生きているということは、この世のすべての出来事の根本にあるのです。

「いのちの福音」の出だしに、このように書いてあります。

いのちの福音は、イエスのメッセージの中核に位置します。教会は、いのちの福音を日ごと心を込めて受けとめ、あらゆる時代、あらゆる文化の人々への「よい知らせ」として、あくまでも忠実にのべ伝えなければなりません。

神の子が受肉することによって、ある意味で神がすべての人間と一致したことによってもたらされる救いの出来事は、「神の限りない愛だけではなく、さらには、すべての人格には比類のない価値があることを人類に啓示します」（2）。

それほどに大切にされている人間のいのちだからこそ、「教会は、人間の尊厳といのちに対するすべての脅威について無関心でいるわけにはいきません。このような脅威は神の子の受肉が救いをもたらすという信仰の根底に影響を及ぼさずにはおかないのです」（3）。

つまり、人間のいのちに対する様々なレベルでの脅威、すなわち人間のいのちの最初の瞬間から始まって、死に至るまでのすべての段階において、人間のいのちに脅威をもたらすような出来事は、それは信仰に対する脅威でもあるのだと、教皇は主張しておられます。様々なレベルでのいのちの大切さ、いのちの尊厳を宣言することは、教会にとって大切な使命であり、それはしかも、救いの計画、受肉の神秘すべてに及ぶ、信仰の根底にある出来事なのだ。したがって、いのちの大切さを語らずして、いったい何を語るのだと、「いのちの福音」は主張しています。

2　司教団メッセージ「いのちへのまなざし」

日本のカトリック司教団にとっても、様々な社会問題に取り組む基礎として、いのちの問題を避けて通ることはできません。そのためにまず、新しい世紀の幕開けとなった二〇〇一年、「いのちへのまなざし」と題された司教団メッセージを発表しました。

それから十六年、社会情勢が変化したことから、増補新版という形で手直しをした、「いのちへのまなざし」を二〇一七年に発表しました。

このメッセージの冒頭でも触れられていることですが、創世記の2章に、もう一つの天地創造の物語が記されているのはご存じのとおりです。最初に人を創造し、次に様々なものを創造したあと、最後にもう一人の人を創造するという創世記の物語です。いったいなぜ、そのような順番であったのかといえば、最初の人を創造した後に、創世記の2章18節によれば、神は「人が独りでいるのは良くない。彼に合う助ける者を造ろう」と言います。そして数多の被造物を生み出すのですが、その中に「彼に合う助ける者」を見いだすことができなかったと、聖書は記します。そこで最後にもう一人の人を創造することになるのです。

この物語によって創世記は、人間のいのちの意味を説き明かそうとします。1章では、人間のいのちの尊厳を説き明かし、2章ではそのいのちの存在する意味を説き明かそうとする。人間がいのちを与えられているのは、互いに助け合っていくためであると創世記は説き明かします。一人で勝手に生きていくためではなくて、互いに助け合って生きていくためである。互いに助け合って生きていくために、いのちはあるのだと教えているのです。

3 殉教者顕彰の現代的意義

日本の教会はこの数年間、殉教者のことについて盛んに語っています。十年ほど前、二〇〇八年十一月に長崎で行われた一八八殉教者列福式にはじまり、大阪で行われた高山右近の列福式に至るまで、過去の殉教者について検証を続け、顕彰活動を行い、現在もそのほか多くの殉教者について列福・列聖運動を続けています。

なぜ今、こんなに熱心に取り組んでいるのか。それは、殉教者たちの生きる姿のうちに、人間が生きることの意味を、そしていのちを生きることの意味を見いだしてほしいと願っているからです。

殉教者たちは、人間の尊厳、つまりいのちの大切さを証しして生き抜いた方々ではないかと、司教団は考えています。

一八八殉教者たちの中には、全国各地を代表するいくつものグループがあるのはご存じだと思います。その中で、一番人数が多いのは、五十三名のグループです。新潟教区、山形県の米沢で殉教した、当時の上杉家の家臣たちを中心とした信徒のグループです。米沢市に今も残る北山原（ほくさんばら）という地で、殉教の死を遂げた方々です。

一六二九年の正月、今の暦で一月の十二日のことであります。

当時の米沢には、数千人の信徒がいたと言われていますが、常駐する司祭はおらず、信徒がリーダーとなって、共同体を形成していました。そのリーダーが、上杉家の家臣であったルイス甘糟右衛門（あまかすうえもん）です。甘糟右衛門は、今で言うところのカテキズムを指導し、生活の中にあっては、様々な善行を共同体として施し、病人を訪問し、ハンセン病患者の世話に当たりました。そのためその共同体は米沢の多くの方々から、尊敬を集めたと伝えられています。

上杉家としても、家臣のかなりが信徒になっていたこともあり、徳川幕府の命に逆らってでも守り抜こうとしたようですが、とうとう逆らいきれず、一六二九年にこの五十三名をとらえ処刑することになりました。

雪降る日に北山原の処刑場に到着したとき、これから処刑をしようとする役人は、これまでの彼らの立派な行いの故に、そこに集まった見物人たちに対し土下座するように求めた、という有名な話が残っています。

五十三名の殉教者たちの中にパウロ西堀式部という武士がおりました。西堀は自らの列の先頭にマリア様の幟をたてさせ、ろうそくをつけ、正装をし、後ろに小姓を引き連れて、処刑場に向かっていきました。そして処刑場に入り、これから首をはねられようとしたときに、小姓を呼び寄せ、挟み箱からお金を取り出して、皆が見ている前で役人に、「このお金を町に住んでいるハンセン病の人たちのために使ってほしい」と言い残して、首を切られて死んでいくのです。

処刑される前にわざわざそんなことをしなくたってよいのです。もう殉教していくのですから。天国は約束されているようなものです。だから今更善行を行わなくとも良いはずなのに、西堀は見せつけるようにそうしたのです。

なぜそんなことをしたのでしょう。それは、「わたしの人生の意味はこれなのだ。わたしはこのために生きてきたのだ」と、いのちを生きる意味を明確に示そうと思ったからではないでしょうか。つまり、「皆の歓心を買おうとして、わたしたちキリスト者は善行をしているのではないのだ」ということを明確に示し、「善行を行うためにこそ、わたしは生きてきたのだ」とわざわざ明示するために、みんなの見ている前で、ハンセン病の人たちのためにお金を使ってほしいと言われたのです。

殉教者たちは人間には全てを賭してさえも、つまりいのちを賭してさえも守るべき価値があるのだ、ということをはっきりと示して死んでいったのでした。

福者ユスト高山右近などは頑固者で有名です。彼の同僚たちが、身分を守るために何度も何度も信仰を捨てるよう説得しても、頑として動じない。生活を守るために信仰を捨てたりはしない。高山右近はたまたま高い身分にあったのですぐに処刑されることはなかったものの、全ての名誉や富を失い、最後は国を追われ、マニラで死んでしまいました。彼には自分に与えられている名誉を取り戻すチャンスは何度もあったのです。けれども、全く見向きもせずに、自分は信仰に生きていくのだと、自分の生き方を決して曲げることはなかったのです。

こういう信仰における頑固さや、いのちを賭して福音の価値観を守り抜こうとした生き方。それを現代社会に伝えていくことに、重要な意味があると司教団は考えました。いのちを生きるとは、妥協に妥協を重ね、安楽な道を探ることではなく、しっかりとした価値観に支えられ、それを命がけで守り抜くことにあるのではないか。そのように考えています。

教皇ベネディクト十六世は、回勅『希望による救い』の21項に、次のように記しています。

人間は単なる経済条件の生産物ではありません。有利な経済条件を作り出すことによって、外部から人間を救うことはできないのです。

現代社会に生きる私たちは、経済が発展することが人の幸福につながると思っていたのですが、どうも現実はそうでもなさそうだと、すでに気がついています。それに対してベネディクト十六世は、人間は単なる経済条件の産物ではないのだから、経済条件を良くしたからといって救われるわけではないと指摘されます。それではどうしたらよいのか。どうしたら人間は救われるのか。

同じ回勅の39項に、次のように記されています。

人とともに、人のために苦しむこと。真理と正義のために苦しむこと。愛ゆえに、真の意味で愛する人となるために苦しむこと。これこそが人間であることの根本的な構成要素です。このことを放棄するなら、人は自分自身を滅ぼすことになります。

なるべくならば苦しまずに、楽に生活していく道を模索している現代社会で、誰かのために苦しみ、理念の実現のために苦しみ、愛するために苦しむ。そんなものを忘れてしまえるならば、どれだけ楽なことか。しかし、そうした苦しみがなければ、人間は人間ではないのだ。

まさしく殉教者は、真理を守るために苦しみ抜かれた方々です。愛のために苦しみ抜かれた方々です。信仰を自らが苦しみのうちに生きる姿で証しをして、いのちの尊厳、人間の尊厳を明確に示し続けた人たちが、殉教者であった。

まさしく「主なる神は言われた。『人が独りでいるのは良くない。彼に合う助ける者を造ろう』」という、あの創世記の2章18節の言葉を、目に見える形で証しをしたのは、あの殉教者たちであった。そう思います。

4　いのちの価値を計るのは誰か

それ思うとき、すでに四年が経とうとしていますが、二〇一六年の七月の二十六日の未明に、相模原で障がいとともに生きておられる方十九人が殺害され、多数が大怪我をされるという事件があったことが思い出されます。

大きな衝撃を受けたのは、障がいのある方を殺害することが正しいことなのだ、社会にとって利益になることなのだと犯人の青年が主張していることです。以前読んだ新聞の記事では、今でもこの青年は同じようなことを主張し、社会にとって利益をもたらしたのだと主張しておられる。非常に大きな衝撃を受けました。

この青年がひとり特別な考えを持っているということではなく、困惑させられることに、彼がしたことに対して、インターネットの世界では、その行動に賛意を表明している人がいる。この社会の少なからずの割合の人たちが、殺人に走った青年と同じような価値観を持っている。その価値観を実際に行動に移すのか移さないのかは、それぞれの人たちの決断ですけれども、同じような価値観を心に抱いている人たちがこの社会の中に結構な数存在しているのだということを、私たちは知らされたのです。

社会の役に立たないいのちには存在している価値がない。人の世話にならなければ生きていけないような人たちには、生きている価値はない。そのようないのちに対する価値判断が、今の日本の社会には厳として存在しているのです。

神を信じるわたしたちは、人間のいのちの価値を判断をする権限は、いのちの創造主である神ご自身にしかないと信じています。ですから、いのちの価値を人間の側で決めても良いなどと主張することは、神の前での傲慢であると思ってしまいます。

しかし、こういった青年と同じような考え方をする人たちが少なからずこの社会にいる、ということを知る時に改めて、いのちの大切さ、いのちの尊厳ということを、今の社会の中で繰り返し繰り返し強調していかなければならない、という思いを新たにさせられるのです。

5　教皇フランシスコと総合的なエコロジー

この世界は人間だけのものだ、人間の幸せはこの世で完結するものだなどという考えによって、神から与えられた賜物であるいのちがないがしろにされている現実に対して警鐘を鳴らす意味で、日本の司教団は、「いのちへのまなざし」を発表しました。

集団殺戮や大量破壊兵器の使用の記憶があるにもかかわらず、核兵器が拡散し、戦争や紛争は頻発し、テロリストによる無差別大量殺人が起こり、暴力の連鎖が広まっているではないか。無防備な市民が戦乱に巻き込まれ、祖国を捨てて難民となり、移住先で苦難を強いられ、民族国家個人のエゴイズムが過激なナショナリズムを生み出し、いのちを脅かしている。経済は発展したが、格差は広がり、貧困はなくならない。社会での孤立が深刻化している。

現代社会にあっていのちは、明確に危機に瀕しています。

「いのちへのまなざし」の冒頭には、「今あらゆる問題は複雑に絡み合い国境を越えて地球規模になっています。この文章が出ることは非常に極小さな提言にしかなっていないかもしれませんが、神から与えられたすべてのいのちを尊重するという視点を持って、様々な問題に対してできるだけ誠実に向き合っていきたい」と記しています。

現実の社会の中には単純な出来事などもうないのだ。様々な問題が複雑に絡み合っていて、それも国境を越えて一つの国だけではなく、地球規模になっているのだ。そんな中でなんとか小さな提言だけれども、いのちを守らなければならないということを、まっすぐに主張していきたい。教皇フランシスコは回勅『ラウダート・シ』において、こういった考え方を「総合的なエコロジー」と呼んでいます。この回勅は、環境問題や気候変動問題について書かれた文章だとの理解もありますし、確かに環境問題が中心になってはいますが、その137項には、「総合的なエコロジー」が言及され、次のように記されています。

あらゆるものは密接に関係し合っており、今日の諸問題は、地球規模の危機のあらゆる側面を考慮することのできる展望を求めています。（中略）総合的なエコロジーの、さまざまな要素を考察していきましょう。

被造物全体にわたるすべての課題に直面するとき、一気にすべてを解決する解答を見出すことはほとんど不可能でしょう。しかし、一つ一つの課題に誠実に取り組んでいくことによって、全体をどう改善するのかを考えていかなければならない。個別の問題は独立しているのではなく、互いに複雑に絡み合っていることを念頭に置くことが大切でしょう。

これさえできればすべては解決するなんて言うことはあり得ないことも自覚しなくてはなりません。すべては複雑に絡み合っているのです。もつれた糸を解きほぐすように、広い視野を持って誠実に、忍耐強く、総合的に取り組んでいくことが不可欠です。

6　アフリカで生きた経験から

わたし自身の体験を少しだけお伝えしたいと思います。わたしは一九八六年に神言修道会という修道会で司祭に叙階されて、その年に西アフリカのガーナという国に派遣されました。ガーナでは、山奥の教会で八年間、主任司祭をしておりました。

司祭になってまだ二年目でしたが、すぐに教会の責任者になりました。神父が足りなかったのです。当時、だいたい百万人近くのカトリックの信徒がガーナ全国にいたのに対して、神父は外国人とガーナ人合わせて五百人しかいなかった。

ですから最初から教会を任されました。しかも一箇所だけではなく二十カ所以上の教会を担当し、巡回していました。舗装されていないような山道で、四輪駆動の車でも移動が大変だったと記憶しています。

ガーナという国はアフリカの地図で見ると、左の方にある長方形の国で、日本の面積の約三分の二の小さな国です。わたしが行った頃は一千三百万人ぐらいの人口だったのですが、今は三千万人ぐらいに増えているようです。

そういう国で、車に乗って村を訪ねていくわけですけれども、いろんな大変なことがあったのです。右の写真に関することとして、ある村にミサをしに行った時の話をしたいと思います。その時の写真です。写真で周囲に立っている人たちは、大体みんな学校の先生たちです。どうして小学校の先生たちが一緒についてくるのかと言えば、それは聖書がないからです

ガーナはイギリスの植民地で一九五七年に独立しました。イギリスの植民地でしたから、独立後の公用語は英語です。しかしそれぞれの部族に固有の言葉があって、四十を超える言葉が公式に認められています。

人口の大きな部族の言葉に関しては、ガーナの聖書協会が行った聖書の翻訳が存在しています。しかし、わたしが働いていた部族は小さな部族ですので、聖書の翻訳がないのです。しかしミサの時に聖書を朗読しなくてはならない。そこで、英語の聖書を読みながら、その場で現地の言葉に訳すのです。英語ができる人といえば、学校の先生です。ですから学校の先生が村を巡回するわたしと一緒に来て、英語の聖書を翻訳してその場で朗読してくれるのです。

道路がなくて車が入れない村もあり、時には丸太橋を渡って歩いて行きました。やっとの思いで到着した村には、竹を編んでその上に葉っぱを乗っけただけの簡易的な教会しかなかったりします。集まってくる人たちはミサの中で喜びを爆発させ、ダンスを踊り歌を歌い、ミサは時に二時間も三時間もかかります。

次の写真は献金をしているところです。祭壇の前に献金箱が置いてあり、そこにみんな踊りながら

お金を入れていくわけですから、ものすごく時間がかかるわけです。日曜日だからみんな楽しそうに、自分の喜びを表現している。そういう雰囲気のある場所でした。

もちろん日本に較べれば貧しく、病気も多く、若くして世を去る人も多くいます。わたし自身も、何度もマラリアにかかり赤痢にもかかりました。でもそんな困難な環境の中でも、わたしが共に生きてきた人たちは、希望を持って生きていました。喜びのうちに生きていました。

その希望と喜びは、困難な中でも人間は互いに助け合って生きていくのだという確信から生まれていました。「ガーナマジック」と自分たちでも呼んでいました。現金収入がなくても、生活がどんなに厳しくても、誰ひとりとして路上でのたれ死にする者は出さない。それが「ガーナマジック」だと。互いに助け合う精神に満ちあふれた国でした。だからこそ、貧困の中にも、希望と喜びに満ちあふれた国でした。

7　人間の幸福を生み出す希望

わたしはガーナから帰国後に、カリタスジャパンのお手伝いを始めました。カトリック教会の国際的人道支援団体である国際カリタスの一員としてです。そのお手伝いでルワンダ難民キャンプに派遣されたことにはじまり、今に至るまで、様々な立場でカリタスの仕事に関わり、多くの出会いの機会をいただいてきました。

そこでどうしてもお話ししたいことが、バングラデシュでの出会いです。

カリタスジャパンはかつて、バングラデシュの先住民族の子どもたちの教育支援を、三つの地域で行っていました。ラシャヒ、シレット、チッタゴンの三地域です。

インドと東パキスタン、西パキスタンが、第二次世界大戦の後に独立する時、人々はイスラム教やヒンズー教といった宗教によって、大まかには分かれていきました。しかしどちらにも入らない人たちがいました。非常に雑駁な説明で恐縮ですが、どちらにも入らなかった人たちは、先住民族の人たちでした。

後にバングラデシュになった東パキスタンにいた先住民族は追い出され、インドに行ったものの、そこでも定住を許されず、結局はまたバングラデシュに戻ってきました。

しかし、国境地帯を行ったり来たりしてきたバングラデシュの先住民族の人たちには、財産も土地もなかったので、彼らは仮の住まいで日雇いをしながら、いのちをつないでいました。

先住民族の子どもたちの将来を考えて、学生寮を作ったり学費を支援して、子どもたちを高校に通わせるというプロジェクトを長期間にわたって実施していたカリタスバングラデシュに、カリタスジャパンは資金提供していました。

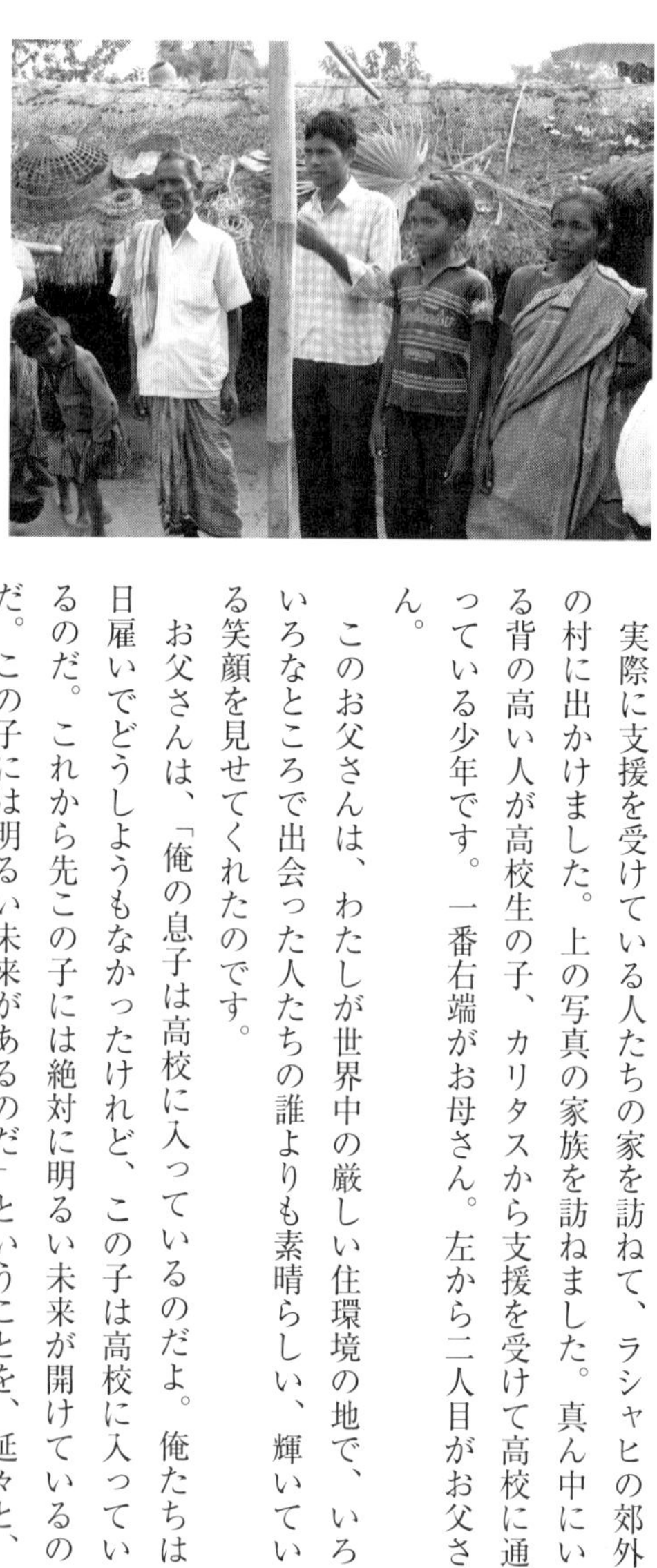

実際に支援を受けている人たちの家を訪ねて、ラシャヒの郊外の村に出かけました。上の写真の家族を訪ねました。真ん中にいる背の高い人が高校生の子、カリタスから支援を受けて高校に通っている少年です。一番右端がお母さん。左から二人目がお父さん。

このお父さんは、わたしが世界中の厳しい住環境の地で、いろいろなところで出会った人たちの誰よりも素晴らしい、輝いている笑顔を見せてくれたのです。

お父さんは、「俺の息子は高校に入っているのだよ。俺たちは日雇いでどうしようもなかったけれど、この子は高校に入っているのだ。これから先この子には絶対に明るい未来が開けているのだ。この子には明るい未来があるのだ」ということを、延々と、そして素晴らしい輝く笑顔で語るのです。

この時、人間を生かすのは、ただ単に衣食住の充足だけではない。衣食住が満たされているからといって、必ずしも人間が幸せになるわけではないということをつくづく感じさせられました。

有名な話ですが、コップの中にミルクがどれだけ入っているか、という話です。グラスに半分ミルクが入っているのを見て、まだ半分あると感じるか、もう半分しかないと感じるか。同じものを見て

も、その心持ちによって見え方、感じ方は全然違うわけです。ある出来事をどう感じるのかということは、その人の置かれている状況によって全く違っていくことです。

厳しい状況の中で、明るく未来に向かってものを語ることができているお父さん。日本の常識から言えばこんなにも貧しくて、公的な支援もなく絶望してもおかしくない状況の中で、どうしてこんなに元気で、満ちあふれた笑顔で、喜びを語ることができるのかと思うことでしょう。それは希望があるからです。未来に対する希望に満ちあふれているから、絶望ではなく喜びを持って生きていくことができる。

人間が人間として生きていくうえで、希望に満たされていることは一番重要だと、希望を生み出すことが人間がよりよく生きていくために欠かせないのだと感じました。

8　希望の源である人と人のつながり

ルワンダの難民キャンプで、一九九五年の八月にあるリーダーにこう尋ねたことがあります。「皆さんは、いま何が必要ですか?」。

当たり前ですが、食べ物もない、住まいもない、着るものもない、子どもたちの教育もない、医療も十分ではない。ありとあらゆる絶望的な問題を抱えているので、あれが欲しい、これも欲しいと答えるだろうと思っていたら、彼の答えは全く違っていました。

難民キャンプのリーダーは、「日本に帰ったら、俺たちがまだここにいることを伝えてほしい。俺たちは世界から忘れ去られたのだ」と言われました。

このルワンダ難民キャンプでの出来事から今に至るまで、二十年以上、カリタスジャパンに関わって、世界の紛争地帯だとか、災害の現場とか、いろんなところに出かけて行きました。そこで出会った多くの人に、同じことを言われ続けてきました。

「わたしたちはもう忘れられたのだ。わたしたちは世界から忘れられているのだ」

人が希望を持って生きていくためには、誰かがあなたのことを心配している、誰かがあなたのことを気にかけているということをこころで感じることが不可欠だと感じています。忘れ去られることは、絶望を生み出します。「世界はわたしを見捨てていない」と感じることで初めて、そこに人は希望を見出すことができる。

衣食住を整えることはとても大切ですが、同時に生きていくための希望を生み出していくことも、決して避けることはできない。

イザヤ書の49章に、「母がその乳飲み子を忘れることがあろうか、たとえ母がその子を忘れてもわたしはあなたを忘れない。わたしはあなたを私の手の中に刻みつける」という有名な言葉が記されています。たとえ母がその乳飲み子を忘れても、あなたの名前は神の手のひらに刻み込まれている。だから神は決してあなたを忘れることはないのだ。神はあなたのいのちを無駄に創造されたのではなくて、愛を込めて創造されたのであり、だから忘れることはない。そのために、名前を手のひらに刻み込んでいるのだ。それを私はあなたに伝えたいのだ。そういう、人との関わりをしていきたいのです。

私たちは、ただ単に神様はあなたのことを心配しているから大丈夫だよ、と言葉で言うのではありません。あなたに関わる私の後ろには神様がいて、その神様があなたを忘れずに心配しているのだということを、私が目に見える形であなたに伝える、そういう関わりをしていきたいのです。

誰ひとりとして神から忘れ去られていないのだということを、一人ひとりの方に感じていただきたい。それによって生きていく希望を見出していただきたいなと思います。

残念なことに、私たちが生きているこの日本の社会の中で、孤立のうちに、生きていく希望を見出すことができずに、自らいのちを絶ってしまうところまで追い詰められている人たちが多くいます。それに関しても「いのちへのまなざし」の中で触れていますが、教会はできる限り、孤立のうちに希望を見失った人たちに、なんとかして神があなたを忘れていないということを、伝えたいのです。

孤立のうちに絶望へと追い込まれている人たちに、共に歩んでいる神の存在を、わたしたちの存在を通じて伝えたいのです。困難な状況の中にあっても、生きる希望を見出し、喜びを持って人生を歩んでほしいのです。

また、現代社会の様々な状況、例えば誰かと共に生きていくことがなく、孤立して孤独のうちに人生の終焉を迎えようとしているご高齢の方々がいます。また、海外から来られて、厳しい労働環境の中で、いのちの危機に瀕している人もいます。

「困っているなら、助けるのは当たり前でしょ」という、「ガーナマジック」が必要です。ガーナでも戦争や紛争があったり、本当に過酷な自然災害があったりする時に人はいのちを失いますけれども、普段の経済状況が厳しいというような状況の中で、人は野垂れ死にしないのです。必ず誰かが助けてくれ、必ず誰かが一緒になって、あなたと一緒に生きていこうと、手を差し伸べてくれる。生きていく希望が社会には常にある。

日本では、高齢の方が誰にも看取られずに亡くなって後日発見されるというようなことや、年間二万人、いや三万人の人たちが、自らいのちを絶つところへ追い込まれているとか、子どもたちまでもが自らいのちを絶っているという現実があります。そういう話を住環境が厳しいアフリカやアジアの国でたくましく生きている人たちに伝えると、本当に驚きます。どうして日本でそんなことが起こるのか。あんなに豊かな国じゃないか、と。

9　教皇フランシスコと「無関心のグローバル化」

教皇フランシスコは二〇一三年、教皇に選出された直後に、イタリアのランペドゥーザという島に行きました。ランペドゥーザという島は、アフリカに限りなく近い地中海に浮かぶイタリアの島です。アフリカから逃げて来た難民の人が一番初めに住むヨーロッパの地です。その旅路は命がけです。

教皇様はその島に出かけていかれ、難民の代表とも出会われました。ミサの説教台も、難破船の部品を使って作った説教台です。その説教の中でこう言われました。

「居心地の良さを求める文化は、私たちを自分のことばかり考えるようにして、ただ一人の叫びに対して、鈍感になり、見栄えは良いが、虚しいシャボン玉の中で生きるようにしてしまった。これが私たちに儚く虚しい夢を与え、それゆえ私たちは他者への関心を抱かなくなった。まさしくこれが無関心のグローバル化に私たちを導いている。私たちは無関心のグローバル化に落ち込んでしまった」

シャボン玉は突けば消えてしまうような虚しい存在であるにもかかわらず、ピカピカピカピカ輝いているので、わたしたちはそのシャボン玉の中で夢に浸っている。自分の生活を守っているその夢は、もうちょっと突けば、潰れてしまいます。そんなことを考えずに、自分のことばかり考えているじゃないかと。シャボン玉の外にいる人たちに対して、どうして関心を抱かずに自分のことばかりを考え、シャボン玉の中を守ることだけを考えているのか。それが、教皇様が最初に世界に向けてなされたメッセージであります。

教皇フランシスコは、今も様々なところで様々な形でメッセージを伝えていっていると思います。それは、誰からも忘れられることなく、排除されることなく、すべての人が、生きる希望を持って生きていくことができる社会を作ろう、作り上げていこうというメッセージであります。改めて教皇様の言葉にも耳を傾けていきたいと思います。

カトリック教義神学のきのう・今日・明日――恩恵論の視点から

光延　一郎

そもそも「教義神学」とは？

キリスト教神学、とりわけカトリック神学は、一般に「聖書神学」「歴史神学」「組織神学」「実践神学」に分類される。組織神学以外の分野は、キリスト教信仰について、歴史的所与に基づき倫理的、社会的、また司牧的に考察され、実践されるための諸科目である。これに対して組織神学は、他の分野で得られた信仰についての知見を統合する部門であり、アンセルムスの「知解を求める信仰（fides quaerens intellectum）」としての神学に相当する。しかし組織神学はさらに、基礎神学・教義神学・倫理神学・社会教説・教会法などの科目に振り分けられる。教義神学は、これらの科目の焦点として、教会の信仰告白（信条）により表現されるイエス・キリストを通して人間に啓示された人間を救う三位一体の神のリアリティそのものを反省的に明らかにする科目だといえよう。それを図に示すと35ページのようになる。

神学の区分け

分野	問い	解決	方法	科目
聖書神学	信仰は歴史的にいかに根拠づけられるか？	啓示の源泉としての聖書を批判的に研究し、その発生と展開、現代における意義を明らかにする。 「信仰のオリジナリティ」	テキストの解釈：歴史批判的方法	旧約聖書入門 新約聖書入門 旧約釈義 新約釈義
歴史神学	信仰は歴史においてどのような道を歩んできたのか？	世代から世代へ受け継がれてきた教会とその神学の歴史を批判的に研究する。 「信仰の伝承性」	歴史学的方法	教会史 教義史
組織神学	信仰の証の意義とその統一性はどこにあるのか？	現代世界の思考・生活・構造におけるキリスト教会の責任として、信仰についての個々の言明資料を統合的に理解する。 「信仰の合理性（知解を求める信仰 fides quaerens intellectum）」	論議・討論を通しての釈明	基礎神学 教義神学 倫理神学 キリスト教の社会教説 教会法
実践神学	信仰の内容を今日いかに証しし、宣べ伝えるか？	救いのメッセージを現代の社会と教会に生き生きともたらす。 「信仰の実効性」	経験科学的な媒介と文節化の方法	宣教学（説教学・カテキズム・司牧心理学・司牧社会学） 典礼学 宗教教育学

1　近現代のカトリック神学の歩み――モデルニズムと新スコラ主義

現代カトリック神学の始まりは、まず「近代主義（modernism モデルニズム）」を克服しようとの企てであった。近代主義とは、十八―十九世紀のヨーロッパ合理主義哲学思想の視点と方法、科学をも神学に適用することで、キリスト教を人間の理性や体験から解釈しようとする立場である。

その代表者の一人は、聖書学者としてパリ・カトリック学院の教授を務めていたアルフレッド・ロアジー（一八五七―一九四〇年）だが、彼は聖書研究に近代歴史学の批判的方法を適用すべきことを主張したため、その職を追われた。

カトリック教会は、近代主義における人間の主観性と実証性を重視する方法は、神の啓示をないがしろにすることにもなりかねず、カトリックの基本教義を脅かすものだとした。一九一〇年以後、聖職者は「近代主義の立場をとらない」との宣誓まで課せられた。

①新スコラ主義

「近代主義」からカトリック教会の神学生や聖職者を護るための組織的な方策が「新スコラ主義」と呼ばれる神学システムだった。それはなによりトマス・アクィナスの神学を第一義とし、近代主義の危険を生みだす観念論、主観主義、実証主義の哲学を排そうとするものだった。神学生が哲学科から神学科へ進級する前に合格しなければならない試験は「二十四のトマス的命題」であり、一八九〇年～一九四〇年の間に生まれたカトリック神学生たちの勉強の中心は、このマニュアル化されたトマ

教義神学の構造図（G. L. Müller による）

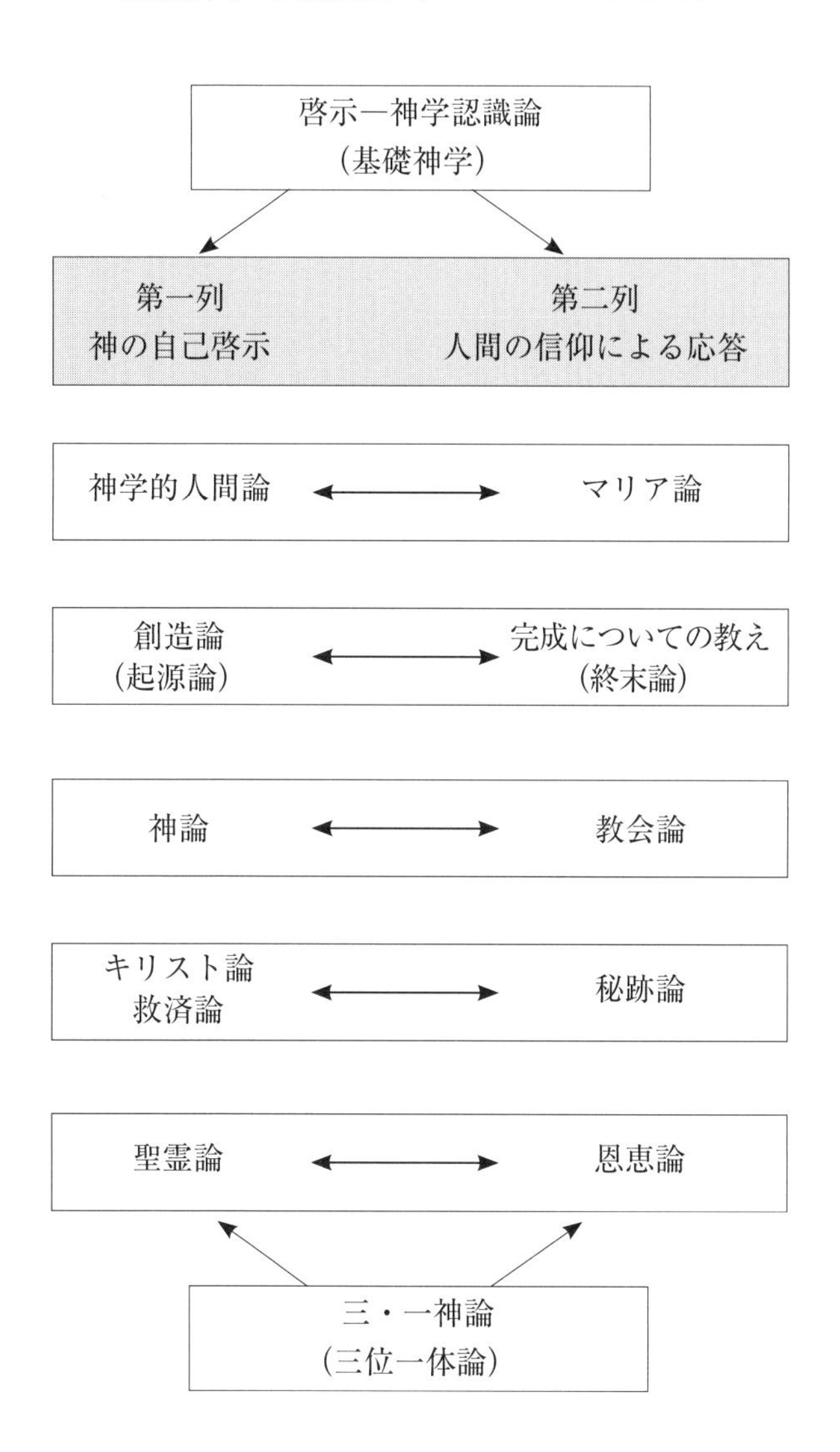

ス哲学のパターンを頭に叩き込むことだった。しかしながらこのトマス哲学復興運動は、やがて細かく些末な技術的思考に固執して、近代啓蒙主義・合理主義と同様の思考様式に陥り、福音のいのちを干乾びさせかねないものとなってしまった。

新スコラ主義の代表者としては、レジナール・ガリグー＝ラグランジュの名が挙げられる。彼はアンジェリクム（ドミニコ会大学）のトマス学者で、マリー＝ドミニク・シュヌーや教皇ヨハネ・パウロ二世の博士論文の指導教授でもあった。彼にとって、トマス・アクィナスの神学こそが、カトリック神学における最高の偉業である。しかしそれは選り抜きの注解者の解説によってこそ真髄をとらえうるものである。同時代の思想との対話や源泉思想から学ぶことは不要とされた。

優れた神学者はやがて、こうした硬直した神学傾向を、福音本来の自由な思考に解放すべきだと考えるようになり、それが二十世紀神学の主流となっていく。ドイツ人神学者で枢機卿のヴァルター・カスパーによれば「二〇世紀のカトリック神学において特筆すべきことは、明らかに、新スコラ主義の克服という出来事であった」。その際「新スコラ主義とは、現代の神学の危機を既に役目を終えた中世盛期のスコラ学を再興することによって克服しようとする、すなわち、普遍教会のために規範を提供し得る、時代を超越した統一的な神学を確立しようとする試みであった。この試み自体を否定することはできないが、しかし、長期的な視野から見れば、この種の復古主義は必然的に失敗に帰する運命にあった」とされる（ファーガス・カー『二十世紀のカトリック神学』教文館、二〇一一年、3頁）。

②第二バチカン公会議

現代カトリック教会の大転換点、それゆえ現代カトリック神学の新たな発展の分岐点でもある第二バチカン公会議（一九六二年十月十一日〜一九六五年十二月八日）の意味について一瞥してみよう。まず同公会議を始めた教皇ヨハネ二十三世は、第二次世界大戦中、教皇庁の外交官として赴任したバルカンで戦争の悲惨さを思い知ったこともあり、公会議の目標を平和と教会の一致に定めた。またカトリック教会が「バチカン幽閉」から自らを世界との交わりに開くことも重要な目標に掲げられた。そして一九六三年に帰天したヨハネ二十三世を引き継いだ教皇パウロ六世は、改めて公会議の目標を次の四つに据えた。①教会の本性への自覚を深めること。②教会の内面を刷新すること。③キリスト教の一致を促進すること。④現代世界との対話を深めること。これに応じて、第二バチカン公会議は、四つの「憲章」、九つの「教令」、そして三つの「宣言」と、合計十六の文書を発表した。

最も重要な四つの「憲章」は『典礼憲章』『教会憲章』『神の啓示に関する教義憲章（啓示憲章）』『現代世界憲章』であるが、それは一本の木に例えるなら、それぞれ「幹」「根」「葉・花・実」に相当するだろう。「幹」に当たるのが「教会」の基本的自覚を語る『教会憲章』である。それは、教会の聖なる側面が「神の民」として世と共に歩み、人類みなを神の国に招き入れる交わり（コイノニア）を実現する共同体であるとする。「根」は、教会の内面生活。その第一は、教会の聖化を担う典礼であり、『典礼憲章』がこれを語る。そこでは典礼が、今この世で神の民の共同体が、すでに救われている喜びを表現する祭であることが目標とされる。教会の内面刷新の第二は、聖書についてである。『啓示憲章』は、聖書のみ言葉をいかにたいせつに読み、祈り、学び、宣べ伝えるかを語る。

そして最後に、こうした木が根と幹を伸ばして外に向かう「葉・花・実」となり、外の世界と関わる教会を語るのが『現代世界憲章』である。神のみ言葉であるイエス・キリストが受肉されたように、教会は、この世の悪とたたかい、この世界を神の国にしていくためのパン種になる。『現代世界憲章』は、一九六五年十二月七日、すなわち公会議閉幕の前日にようやく完成したのだが、内容としても公会議全体のまとめ、総合、さらに将来の展望を語る。

教皇庁教理聖省国際神学委員会『今日のカトリック神学』より

第二バチカン公会議に基づく教会刷新とそれを根拠づける新しい神学が、活発に論議されたのが二十世紀後半の時代であった。その活況については後に述べるとして、公会議から五十年を経て、教皇庁教理聖省国際神学委員会から、過ぎし半世紀のカトリック神学を回顧し、その実りを整理する『今日のカトリック神学――展望・原理・基準』（カトリック中央協議会、二〇一三年）との文書が公開された。この文書は「カトリック神学を特徴づける基本的展望、原理を考察し、基準を提供」するものだとされる（同書9頁）。「カトリック神学は公会議によって開かれた道を歩もうとしています。公会議は『人類家族全体と対話を始め、教会が聖霊の促しのもとで受け取った、救いをもたらす諸源泉』を提供することによって、『人類家族に対する連帯と尊敬に満ちた愛情』を表明したいと願っていた」（同書7―8頁）。第二バチカン公会議による刷新がもたらしたカトリック神学の実りは、以下のような多様性である。信徒や女性の声。新しい文化的コンテキストに由来する神学、ラテンアメリカやアフリカ、アジアからの神学。平和、正義、解放、環境、生命倫理といった熟慮を要する新しいテーマ。これらについての論じ方は、聖書学、典礼学、教父学、中世の諸研究の刷新のおかげで、さらに奥行きのあるものとなった。加えて、エキュメニカル運動や、諸宗教および諸文化との対話など、新しい課題も生じてきた。

そして同書は、カトリック神学の基準を次のことだとする。(1) 神のことばに注意深く聞くことに基づかねばならない。「聖書研究」は「聖なる神学のいのちそのもの」であるとするのは、第二バチカン公会議の核心的な命題であった。(2) 自覚的にかつ誠実に教会の交わりの中にあること。教会の三つの務めとは、①預言職、②祭司職、③王職である。神学はこの務めを全うするためにシステムを規整する原理として働かねばならない。(3) 世界にあって神の奉仕へと方向づけられ、神の真理を今日の人々に知的な形で提供すること。「教会は、自分の任務を果たそうとすれば、時のしるしを読み、福音の光に照らしてそれを解釈する責任をもっている」(『現代世界憲章』11項)。神学はそのために働く。

2　恩恵論からみるカトリック神学の歴史的展開

本稿の課題である「恩恵論」の立場からカトリック神学の過去と将来を見渡すにあたり、まず教会の歴史について次の点を確認したい。

まず教父たちは、啓示の真理、すなわちロゴスの真理を省察するためにギリシア哲学を利用した。彼らはそこで否定神学的次元(人間の知解の限界と神の超越)をも強調した。

中世において大学が創設され、そこでスコラ的な方法論が発達した。すなわち神学は、自らを学術として構成するようになった。スコラ神学者は、キリスト教信仰の知的内容を理性的で学術的な総合の形式で提示しようとした。

しかしながら中世末期に、キリスト教の知恵の統一的な構造が解体し始めた。哲学と神学、信仰と理性、霊的生活と学問が分離し、近代という時代に続く道が始まった。カトリック神学は、この挑戦に向き合うのにてこずった。

こうした歴史の推移の根底に、実は恩恵についての立場の相違がある。恩恵理解は、次の三つに区分できるだろう。

① 「いやし」＝愛への自由としての恩恵

アウグスティヌスに代表されるこの恩恵理解は、人間をエゴイズム＝「自己にとじこめられていること」から解放する自由としてとらえる。

アウグスティヌスにとって人間の「自由」が成就するのは、永遠なるものを得てこそである。人間は、善きものとしてつくられたから、休むことなく善を望み、その善へと「超越」していく存在である。人間の心は最高善たる神以外の何ものによっても満たされない。これを彼は霊的自伝の一番初めで「よろこんで、讃えずにはいられない気持にかきたてる者、それはあなたです。あなたは私たちを、ご自身に向けてお造りになりました。ですから私たちの心は、あなたのうちに憩うまで、安らぎを得ることができないのです」（アウグスティヌス『告白』、中央公論社・世界の名著14巻、一九六八年、59頁）と吐露している。アウグスティヌスは、恩恵を人間の「自由」と「愛」、すなわち善を望み、超越していく憧れという文脈のうちに理解した。そこには、まず人間の罪深き本性についての自覚がある。彼は、自分の回心の経験から、回心以前の人間が、いかに欲望とエゴの誘惑にさらされているかを実感していた。人間の意志がどうしようもなく歪んでいて、モノや感覚的な誘惑への囚われを自分自身からは克服することができないことを身にしみて知っている。人間の自由の行使は、原初の誤り以来、あらゆる選択に先立って常にその生来のダイナミズムが歪められており、純粋な中立状態をもったことがない。そこで神の愛である恩恵こそが、人間のエゴ中心的な人格を解放し、善なる神の救いへの超越を助ける。この意味で、恩恵とは「人間を愛へと動かす神の内的な力」だと理解される。

② 「引き上げ」＝神のいのちへの参与としての恩恵

次は東方教父、また西方中世のトマス・アクィナスなどが代表する恩恵についての考え方、すなわち人間のうちに「神の像」を実現する恩恵である。

右に見たようにアウグスティヌスは、恩恵をいわば「西洋医学」のように、罪や欲望という人間の傷に直接作用するものとして考えた。それが後の西洋の、つまりカトリックやプロテスタントの恩恵理解の原型となった。これに対して東方教父たちは、恩恵の働きを宇宙的な視点から、神が創造を展開するエネルギーとして理解した。つまり東洋医学が、全体的にホーリスティックに働いて人間を癒すものであるように、東方における恩恵は、人間を神の救いの計画（オイコノミア）のうちで「神の像」とする、「神化」させるものだと考えられる。

トマス・アクィナスは、アウグスティヌスを受け継ぎながら、東方的な要素も取り込んでいる神学者である。彼にとって、恩恵論のキーワードの一つは「自然」と「超自然」であり、そのバランスを常に調和ある秩序から見ていた。その際、恩恵は現実を「高揚、引き上げること」であるとした。恩恵は「自然本性（natura, ナトゥーラ）」に働いて新たな力を帯びた自然本性へと引き上げる。「自然」が高揚されて超自然となるように働く。トマスによれば、有限的な被造レベルの自然には初めから神との交わりという超自然的なゴール、最終目標が与えられているが、しかしながら自然はそこに自分自身からだけでは到達できない。そこでこれを引き上げるものとして恩恵が与えられるのである。すなわちトマスは恩恵を、人間のうちの罪のいやしだけに限定されるものとしてではなく、むしろもっと広く宇宙論的（コスモロジカル）に、人間をはじめとする被造物を新しい存在レベルに引き上げ、変容させ新たな「質」を与えるものと考える。人間の自然本性が引き上げられ神ご自身の生命に参加すること、それは「神化（ラテン語でDeificatio）」である。

③「ゆるし」＝罪からの解放としての恩恵

もう一つの恩恵観は、マルティン・ルターが言う「義認」に働く恩恵である。ルターはアウグスチノ隠修士会に属していたが、アウグスティヌス当人よりもさらに徹底的に自己の罪深さと向き合った。そこから彼は、恩恵と罪との結びつきをもう一度取り上げ、それを掘り下げる。ルターがアウグスティヌスと異なるのは、人間誰しもが生来持っている歪んだ意志、エゴを、人間が自分では克服しがたい「原罪」と同一視する点である。両者は「恩恵が人間の自由意志に触れて働き、これを神の愛へと変容する」という見方においては同じであるが、アウグスティヌスが、人間の側には恩恵に応えて自己超越していく能力がいまだに残っていると見るのに対して、ルターはその人間の自由を原罪によって全面的に疎外されたものと見る。恩恵は、罪の苦しみに必死に喘ぐ人間に語りかけ、赦す、無罪宣告の言葉であると理解される。

自然と恩恵（中世ヨーロッパの普遍的世界観）

東方教父の恩恵神学の展望では、人間は「オイコノミア（恵みの秩序）」のうちにおり、その恵みにおいて、キリストにおいて、キリストと共に、神のいのちに参与する、すなわち「神化」にいたり得る者である。しかしそれは中世カトリックにおいて変わる。十三世紀にアラビア経由でアリストテレスの哲学が導入されたことによって「自然本性（ナトゥーラ）」の概念、すなわち「ある存在者にその起源から完成にいたるまで留まり続けて、そのものを規定している本性」と直面しなくてはならなくなったからである。トマス・アクィナスは、その自然概念を受けとるが、しかし彼の人間についての見方はキリスト教的であった。すなわち人間とは、アリストテレス哲学が言うように、本質において確固不動に定義されるものではない。人間はむしろ、自分を無限に越える神に自身を開くことであらわになる存在者である。人間は、神の無限の神秘に結びつけられているがゆえに、自ら神秘なのである。人間の自然本性は、自分が与えることのできるものによっては満たされず、ただひたすら神の自由な好意から充足をいただく他ない。人間の自然本性の成就は、ただ「恩恵」としていただくことができるのみである。そしてその恵みは「自分の自然本性を越えたところからいただく」という意味で

「超自然的」である。また人間にはその神からの恩恵を受け取るための構造がすでに与えられている。それは人間のうちで、二十世紀の神学者アンリ・ド・リュバックらが強調した「神直観への自然本性的な憧れ（desiderium naturale videndi Deum）」（『神学大全』第一部、第十二問五項参照）として働く。こうして人間とは、神からキリストとの親密な交わりにいたるようにと呼びかけられ、これに従い現状を絶えず乗り越えていく者として「途上にある存在」、すなわち「旅人（homo viator）」なのである。

「恩恵は自然を前提し、これを完成する」

そこで人間は、この「自然」と「恩恵＝超自然」の間で、歴史の歩みを識別しつつ決定する役割を負う。「超自然」は、人間が下から上へ垂直的に上昇していく場所ではなく、むしろ人間の歴史的な歩みの目標である。人間は、自らの自然本性において超自然からの呼びかけを聴き取り、これに応えつつ、その目標に向かって歩み、成長し、やがて恵みにおいて最終的な意義を得る。すなわち、救われる。こうした人間の媒介を通して、自然は恵みにおいて完成されるのであり、トマス・アクィナスはこれを「恩恵は自然を破壊せず（前提し）、これを完成する」（『神学大全』第一部、第一問八項）と述べた。すなわち自然とは、神の恵みの働きを指し示し、それを招き入れる前提なのである。人間はそこで自然において生きながら、神・キリストとの交わり、すなわち超自然を目標としながら、自然を超自然へと方向づけるのである。

中世的総合の喪失と近代

このように自然と超自然の間に均衡を保つ中世的世界観は、思想上のことだけでなく、教会（超自然）と皇帝世俗権力（自然）という、この時代（十三世紀）の社会的・政治的構造をも表現していた。福音的価値（超自然）は、政治権力（自然）を前提とし、これを完成する。トマス・アクィナスの哲学は、アリストテレス的・経験的な理性への信頼に基づく自然観と明るい神秘主義（「実在論」の立場）に基づいており、目の前の世界を単に超越的な観念界の影として見て自然界の独自性を否むプラトン主義的二元論や、自然と超自然の限界をあいまいにする神秘主義には与しない。

ところが十四世紀になると、ドゥンス・スコトゥスやオッカムによるフランシスコ会の神学者たちが台頭し、トマス・アクィナスの「アウグスティヌス＋アリストテレス的経験主義」の神学を「アウグスティヌス＋新プラトン主義的宗教経験」の方向へと変えていく。すなわち彼らはトマスの「人間の自然本性の自由の確保」から「全能の神の意志への全き依存」の方向へと思考の枠組みを変化させた。ドゥンス・スコトゥスは、神の意志をなにより重視する主意主義である。そこでは恩恵の出来事を、従来のトマス的な存在的な自然本性の次元において人間のうちに働き、これを変えて新しい存在とするものと見ることから、神と人間というペルソナ相互間の「意志」における「出会い」と「関係」の出来事と見るようになる。すなわちそこでは、神の絶対性、神の意志が強調される。しかしその哲学的立場は、アリストテレス哲学が拠って立つ概念の実在性ではなく、概念は「声として発する風」（flatus vocis）にすぎないとする「唯名論」の立場である。

こうしてトマス的な自然と超自然の有機的結合のバランスは失われることとなる。結局、自然よりも超自然を強調する唯名論者のガブリエル・ビールの影響を受けたマルティン・ルターは、アリストテレスやトマスの哲学を敵視して、理性を「悪魔の娼婦」と罵倒する。

そして「信仰のみ」「恵みのみ」「聖書のみ」を強調するが、人間の自然本性と理性の力は原罪により壊れているとする宗教改革の時代を迎える。その宗教生活は、自然的秩序と超自然的秩序の間に「断絶」を認め、結果として近代の「神対人間」「信仰対理性」「宗教対自然科学」などの二元論を招くことになる。この意味で、ルターは近代の原型であり、あるいは中世の統一的思潮の瓦解の終極点、中世の行き詰まりだとも言えよう。

近代の思想運動であるフマニスムス（人間中心主義）・ルネッサンス・啓蒙主義などは、そもそも超自然の否定、あるいは自然が超自然を呑み込むことから始まっている。そこから自然科学や科学技術などが発展したが、その「自然」概念は、もはや中世におけるように神から考察されるものではなくなった。それは、神とは関係なしに、人間が自らの自我主観のうちに支配・所有しうるもの、あるいは人間とも神とも関連なく「自ら成立し完結する意味構造」だとみなされる。

近代から現代神学へ

近代のキリスト教神学は、恩恵論の視点から見れば、トリエント公会議以後、カトリックは「恩恵論」、プロテスタントは「義認論」という党派的旗印にしがみつき、自派に閉じこもっていた。両者は基本的にアウグスティヌス的恩恵観とそれを罪のゆるしに先鋭化した恩恵論の立場に固執しており、神化や聖霊の内在などを説く東方的オイコノミアの展望は欠いていた。

しかしながら、主観性に閉じ込められ、科学技術の支配に人間性が歪められていることを意識し始めた二十世紀のキリスト教は、徐々に「神の恵み」に注目するようになっていった。プロテスタントにおいても、代表的神学者であるエミール・ブルンナーとカール・バルトの間でこの問題が論争された。ブルンナーが『自然と恩寵――カール・バルトとの対話のために』を書き、それに対してバルトは『ナイン！――エミール・ブルンナーに対する応え』で答え、論争を繰り広げた（『カール・バルト著作集』第二巻、新教出版社、一九八九年参照）。両者は、恩恵のとらえ方に微妙な差異はあるにしても、恩恵がキリスト教信仰において中心的役割を担うことについては一致している。

カトリック恩恵神学の諸モティーフ

二十世紀のカトリック神学においても、ジャック・ポール・ミーニュ編集の『教父全集』に結実した十九世紀末からの教父学などの歴史研究に基づき、恩恵論に大きな展開があった。それは、次の四点にまとめられるだろう。

①「被造されざる恩恵」と超越論的主体性

ヨーロッパ近代の思想と社会を象徴する言葉は「主観への還帰」であったが、多くの神学者もこの問題に取り組み、人間の主体としての自己経験と恩恵とのかかわりについて考察した。「主観への還帰」を象徴する哲学的表現が、イマヌエル・カントの「超越論的―ア・プリオリ（a priori 先験的）経験」と「範疇的―歴史的―ア・ポステリオリ（a posteriori 後験的）経験」の区別だろう。カントはこの区分から、実践理性（倫理・宗教）から分けられた純粋理性（認識）をもって近代の科学的思考を基礎づけた。しかしながらカトリック神学者たちは、両者は単純に二分できるものではなく、意識経験に先立つア・プリオリな主体性のうちにもすでに含蓄的に恩恵が働いていると考えた。それは、ベルギー人のジョセフ・マレシャルをはじめ、彼の影響のもとにあったアンリ・ド・リュバックらフランスの「新神学（Nouvelle théologie ヌーヴェル・テオロジー）」学派やドイツのカール・ラーナーらの神学者たちである。彼らにとって恩恵とは、まず人間における、経験に先立ち働いている、神に向かうダイナミックな志向性である。

その恩恵概念は「被造されざる恩恵」すなわち恵みの本体である神ご自身から出発する。恩恵の出来事は、人間のうちに働く恩恵の結果、すなわち倫理的なわざや徳（「被造的恩恵」）ではなく、むしろその源であり、三位一体のオイコノミア・啓示・受肉・聖霊の派遣を起こす神ご自身だとされる。カール・ラーナーは、その出来事を神の「自己伝達（譲与）」と呼んだ。ラーナーによれば、その神の「自己伝達（譲与）」は、人間精神が現状を乗り越える超越の地平に立ち現れる「神秘」として経験される。そして人間は、その神秘に、あらゆる日常的な経験のうちで、暗黙のうちに、非主題的に、匿名的に出会っているとされる。

②対話哲学とペルソナ的思考

人間の「主体」としての経験に集中することから、世界を人間の主観性から構成しようとする合理主義、その「主観―客観」の構図の行き詰まりを感じた人々は、ペルソナ相互の対話関係を復興しようとの思想をも生みだした。第一次世界大戦の頃から起こったフランツ・ローゼンツヴァイク、フェルディナント・エーブナー、マルティン・ブーバーなどによる対話哲学である。この思想は、聖書の神と人間の関係を考察することから、人間相互と神とのペルソナ関係を語ることで、暗黙のうちに、恩恵経験の哲学的分節化をおこなった。

この思想は、特にプロテスタント神学の圏内で大きな影響力をもった。バルトも、自らの神学に対話的思考を取り入れた。また「出会い」の神学的意味を強調するブルンナーも、「我―汝」哲学によってこそ聖書の人間理解の精髄が明らかにされ、教義学はその信仰における「出会い」から構想されるべきだと考えた。

カトリックの恩恵神学は、プロテスタント神学から恩恵を「物」的に見ていると常に批判されてきたが、すでに十九世紀にマティアス・ヨーゼフ・シェーベンは、ギリシア教父の再解釈から「聖霊の内住」に注目し、東方神学の「神化」思想のきっかけである「神の本性への参与」(Ⅱペトロ1・4)とは、神のペルソナ性を見落とした自然本性(ナトゥーラ)ではなく、ペルソナである聖霊における神の本性への参与だと考えた。ロマノ・グァルディーニも、すべての現実は神の「汝」からの呼びかけであるとするペルソナ神学を基礎としていた。

③歴史的思考・終末論的思考

近代の合理主義は、アリストテレスに遡る科学的学問理想を基としているので、根本的に歴史的である神の恩恵のわざの意味をつかむことに疎い。ギリシア的思考は、時間を超えた普遍的で永遠的に妥当することを知ろうとするので、そこに「歴史神学」が入る余地はない。

それに対して対話的思考は、神学にとって時間性の次元が根本的であることを理解させた。人格的な出会いは、前もって計算できない、新しいこと、驚きから構成されるからである。また有限的な「汝」は「永遠の汝」の時間化として現象してくる。イエス・キリストの出来事がまさにそうである。聖書的・キリスト教的な思考にとって、キリストの出来事の一回性とその救いの意義についての理解は、歴史性への理解とかかわりなしには得られない。

ルドルフ・ブルトマンは、第一次世界大戦後に『存在と時間』の著者、哲学者のマルティン・ハイデガーの影響のもとに、恩恵の出来事としての「啓示」と歴史との関係を問うていた。救いをもたらす神は、永遠から永遠にとどまる神ではなく、むしろ「将来から到来してくる現存」の神であり、そこで恩恵とは、人間を過去のしがらみから解放して、神そのものである将来へと開かせるものだとされる。その出会いの「瞬間」は、時間と神的永遠とのパラドックス的な統一であり、そこで「信仰」とは、神との対話のうちにイエスがなした決断を「今・ここ」において、私たちが神の私への語りかけとして現在化することだとされる。

カトリックのカール・ラーナーは、進化論およびマルクス主義的な世界観との対話の必要から、歴史神学を展開した。その洞察は、トマス・アクィナスの「恩恵は自然を破壊せず、かえってこれを完成する」との原理を時間・歴史次元に適用することである。すなわち、自然史・世俗史は、それだけで存立しているのではなく、超自然からの「実存規定」を受けている。救済史と世俗史は、その現象次元において共存しているが、その自然的な世俗史は、超越論的な神の自己伝達（譲与）の現れとして救済史になりうる。それは、人間が目の前に広がる現実をイエス・キリストの言葉と行いから解釈して、神の愛を読み取りうるかどうかにかかっているのである。

④「自然」と「超自然」をめぐる思考

トリエント公会議後のカトリック神学（特に十九世紀末以後の「新スコラ神学」）の恩恵の概念は、ペトロの手紙二1章4節の「神的本性への分与」を、アリストテレス的存在論から非歴史的に理解するものだった。恩恵の働きの場は、超自然との対立状況にある自然という意味で創造論的であった。そこでは、トマス的な意味での自然と超自然の総合は忘れられており、自然とは、全現実から超自然的たまものを取り去った後に残る、超自然から孤立した「純然たる自然（Natura pura ナトゥーラ・プーラ）」として理解された。そこからの帰結は「自然法則の必然性から成り立ち自己完結している自然」＋「そうした下部構造の上に外から付加される超自然」という二元論であった。そこには、神との関係を自然から引き離して垂直的側面を強調しすぎる、いわゆる「二階建て神学」とその霊性がはびこることとなった。

これに対してフランスの「新神学」派のアンリ・ド・リュバック、カール・ラーナーなどは、こうした見方に反対した。リュバックによれば、ナトゥーラ・プーラに基づく神学は、まず聖書的というよりもギリシア的自然理解に因っており、恩恵概念が「もの的」であり、人格的（ペルソナ的）な思考や歴史的な思考を受け容れることができない。また司牧的にも、自然と超自然の相互浸透が忘れられると、キリスト教的な価値観が人間生活にとって付録的なものとみなされ、この世的な文化やモラルに利することになるか、あるいは超自然が過度に強調されて、信仰が創造次元との関連を見失い、信心深いが根のないものとなってしまう。

自然には、その独自の相対的自立性があるし、同時に、自然のうちに限定された目的性だけで成就するものでもない。「恩恵は自然を破壊せず、かえってこれを完成する」の原理を視野に収めてこそ、私たちは世界と自己自身の経験に真に触れることができるであろう。

新スコラ主義に代わる「新神学」運動

以上のような時代状況と恩恵理解に基づき、フランスで「新神学」運動が発生した。彼らはとりたてて調整されたグループではなかったが、共通の目的は存在した。マニュアルによる教えの支配、教会による近代主義への批判およびカトリック以外の教派や現代思想に対する防御的なスタンスを改め、カトリック神学の根本的な改革をはかることだった。

新神学運動自体は、一般に一九三五年頃から始まったと言われる。それは、キリスト教信仰の「源への回帰」、すなわち聖書と教父たちの著作を研究することから始まった。幅広い関心、見解、および方法論をもって、聖書解釈、芸術、文学、神秘主義への人々の新たな関心を高めた。

「新神学」運動とかかわりのある神学者は以下のような人々であるが、それぞれに独特な関心と研究分野をもっていた。アンリ・ド・リュバック（神学とカトリック性）、ピエール・テイヤール・ド・シャルダン（神学と科学）、ジャン・ダニエルー（神学と歴史）、マリー＝ドミニク・シュヌー（時のしるしの神学）、イヴ・コンガール（教会論からエキュメニズムへ）、ハンス・ウルス・フォン・バルタザール（三位一体神学）、カール・ラーナー（日常における神秘）、ハンス・キュンク（教会の後進性の批判とエキュメニズム）、エドワード・スキレベークス（聖書に基づくキリスト教的経験）、ヨーゼフ・ラッツィンガー（後の教皇ベネディクト十六世）。これらの神学者の著作は、残念ながら日本語にはあまり翻訳されていないが、一九六五年以来、第二バチカン公会議以後の現代神学を追いつづけている「神学ダイジェスト」誌には、これらの著者の時宜に応じた記事が多数収録されているので、ご参照願いたい。

これらの新進神学者たちは、第二バチカン公会議によってもたらされた改革に、摂理的に大きな影響を与えた。公会議が残した課題について考えるために、ラーナー、コンガール、スキレベークス、キュンク、シュヌーらは一九六五年に神学雑誌「コンキリウム（Concilium）」を発刊し、またド・リュバック、バルタザール、ラッツィンガーなどは一九七二年に「コミューニオ（Communio）」誌を発刊し、今に続いている。

二十世紀に生まれ、二十一世紀を導く神学

他方、プロテスタントにおいても、十九世紀聖書神学の画期的な発展の中で、ゆたかな神学活動が展開されていった。それは、カール・バルト（弁証法神学）、ルドルフ・ブルトマン（実存神学）、「史的イエス」探求、解釈学神学、ゲアハルト・エーベリンク、ハービー・コックス（世俗化の神学）、オスカー・クルマン（歴史の神学）、ボルフハルト・パネンベルク、モルトマン（十字架と希望の神学）など。

またこうしたプロテスタント神学との共通の問題意識と第二バチカン公会議の刺激から、カトリックの側でも新たな神学の波が起こった。終末論の分野ではギスベルト・グレースハーケ、フランツ＝

ヨーゼフ・ノッケ、ヨーゼフ・ラッツィンガー。神学的人間論のカール・ラーナー。グスタボ・グティエレス、レオナルド・ボフらの解放の神学。ヨハン・バプティスト・メッツの政治神学、カトリック社会教説の深化、フェミニズム神学、エキュメニズム神学、エコロジー神学、諸宗教の神学などである。

3　これからのカトリック神学

第二バチカン公会議は、文字通りカトリック教会の世紀の大変革だった。それゆえ、閉幕後すでに五十年以上が経過しているが、その宿題は、未だ十分に達成されたとは言えない。この大変革に参加した公会議教父たちのような巨匠は、その後あまり現れていない。ある神学者は、現代は第二バチカン公会議の遺産を整理して考察すべき時であり、その意味で一種のスコラ神学の時代なのかもしれないと言った。もちろんそれは「新スコラ」神学のような型にはまったものではありえない。第二バチカン公会議によって始まった改革を前に進めるための緻密な思考の必要という意味であろう。

ハンス・キュンクは、キリスト教の歴史の回顧に基づき、今の時代とこれからに必要なカトリック神学の条件を次のように述べている（『キリスト教思想の形成者たち――パウロからカール・バルトまで』片山寛訳、新教出版社、二〇一四年、338―339頁）。

(1)カトリック的に、常に教会全体、普遍的教会のために努力がなされ、――そして同時に、福音主義的に、厳密に聖書へと福音へと関係づけられている。
(2)伝統的に、常に歴史の前で責任を負いつつ、――そして同時に、同時代的に現代の諸問題を取り上げ、関わってゆく。
(3)キリスト中心的に、決定的に選択的にキリスト教的であり、――そしてしかし、エキュメニカルに、エクメーネ、つまり人間が居住する全地球、全キリスト教会、全宗教、全地域へと向いている。
(4)理論的・学問的に、教説、真理に従事し、――そして同時に、実践的・牧会的に、生命のため、更新のため、改革のために努力している。

教皇フランシスコの視点から

今のカトリック教会を導く教皇フランシスコが好んで使う言葉は「人間性の総合的・全人的発展（インテグラル・ヒューマン・デベロップメント）」である。最近の回勅『ラウダート・シ』（カトリック中央協議会、二〇一六年）においても「インテグラル・エコロジー」がキーワードであったし、バチカンの機構改革においても二〇一七年以後、人間の福祉や援助や正義の問題に関わる部門は「インテグラル・ヒューマン・デベロップメント部局（DICASTERY FOR PROMOTING INTEGRAL HUMAN DEVELOPMENT）」に統合された。

また教皇フランシスコのヴィジョンは、しばしば「神・人間・創造」の三項関係のかかわりから語られる（たとえば『ラウダート・シ』66項）。この三項関係のそれぞれと「和解」を得て、成長していくとき、人間は救われる。それを促し「人格の尊厳」の実現において、世界をいつくしみと愛の場にしていくことが教会の使命である。

近代は自由・民主主義・人権の理念を発展させ、それが現代の世俗の国家やその連合である国際連合においても標準となっている。カトリック神学は、こうした価値観を福音のメッセージから跡づけるべきだろう。とりわけ現代は、人間の連帯と抑圧からの解放、ＬＧＢＴ、女性の人権・教会内の立場、移民・難民問題、戦争と平和を考える神学が求められる。なにより、今ここ（日本と世界の状況）に生き、自分自身の生と社会の問題の本質を批判的に見抜き、それを「神の国」の到来に向けて準備していく「目覚めた」（マルコ13・33、35、37）信仰の態度が必要である。そのために、理論レベルの神学に留まることなく、「基礎としての真理」「基準としての正義」「動機としての愛」「実行力としての自由」（ヨハネ二十三世『地上の平和』）を実践の中で神学的に思索し続けることが、私たちカトリック神学にかかわる者にはなにより重要だと思う。

J・H・ニューマンと第二バチカン公会議——第二バチカン公会議の先駆けとしてのニューマン神学

川中　仁

1　J・H・ニューマンから第二バチカン公会議へ

（1）第二バチカン公会議とは？

現代カトリック神学について語るうえで避けてとおることのできないのが、第二バチカン公会議（一九六二―六五年）[1]である。第二バチカン公会議はローマ・カトリック教会にとってあらゆる意味で画期的な出来事であったが、同公会議を経てカトリック神学も大きく発展することとなった。第二バチカン公会議について語られる際にしばしば取りあげられるのが、「現代化（aggiornamento）」[2]と「源泉回帰（resourcement）」という概念である[3]。「現代化」と「源泉回帰」の両概念は、公会議文書自体には登場しないが、公会議文書中に内容的に該当する箇所がみられる[4]。

まず、「現代化」については、『現代世界憲章』（*Gaudium et spes.* 一九六五年十二月七日）の以下の箇所をあげることができる。「こうした使命を果たすために教会は、つねに時のしるしについて吟味し、福音の光のもとにそれを解明する義務を課されている。そうすることによって教会は、現世と来世のいのちの意味、また両者の相互関係について人間が抱く永久の疑問に対し、それぞれの世代に適した

第二バチカン公会議

方法をもってこたえることができるであろう」[5]。ここでは、教会が、「時のしるし（signa temporum）」を見極め、「それぞれの世代に適した方法をもってこたえる（modo unicuique generationi accommodato respondere）」ことが求められているとされている。ここでは「現代化」概念自体は用いられていないにせよ、「それぞれの世代に適した方法をもってこたえる」ということは、内容的にまさに「現代化」について述べられているということができるであろう。

また、「源泉回帰」については『修道生活の刷新・適応に関する教令』（*Perfectae caritatis*. 一九六五年十月二十八日）の以下の箇所がしばしばあげられる。「修道生活の刷新・適応は、キリスト信者のあらゆる生活形態の源泉ならびに会の原初の精神にたえず立ち帰ることと同時に、会を変化した時代の状況に適応させることを含むものである」[6]。ここで、まず修道生活の刷新とは、各修道会の創立の精神に立ち帰ること──「源泉へ（ad fontes）」──であるとされ、同時に修道生活の刷新は、「時代の状況に適応させること（aptatio ipsorum ad mutatas temporum condiciones）」とも述べられている。それゆえ、ここには「現代化」と「源泉回帰」の双方について述べられているということができるであろう。

また、第二バチカン公会議について、「内へ（ad *intra*）」と「外へ（ad *extra*）」という二つのベクトルが語られる。これは公会議開会一ヶ月前になされたヨハネ二十三世のラジオ演説（一九六二年九月十一日）で用いられた表現であるが[7]、第二バチカン公会議における「内へ」と「外へ」という二つのベクトルとは、第二バチカン公会議とは、「内へ」というカトリック教会の自己変革を目指す対内的な教会改革であり、また「外へ」という現代世界の諸問題に応答する対外的な教会改革だということである。第二バチカン公会議では、このように教会のあり方を問うということが軸となっており、第二バチカン公会議の根本目的は、現代世界におけるカトリック教会の「刷新（renovatio）」にあったということができるであろう。このように、何よりも現代世界における教会のあり方を問う公会議であったことが、第二バチカン公会議が「司牧的公会議（Pastoral Council）」と呼ばれるゆえんである。その意味で、第二バチカン公会議の中心的課題は教会の刷新にあり、「現代化」や「源泉回帰」はむしろそのための方法論だったということができるであろう。

第二バチカン公会議の中心的課題が教会改革にあったことは、第二バチカン公会議開催にあたってなされた教皇演説にもみることができる。ヨハネ二十三世は、公会議召集勅書『フマーネ・サルーティス』（*Humanae salutis.* 一九六一年十二月二十五日[8]）で、第二バチカン公会議の根本目的を「一致（unitas）」にあるとしている。「したがって、今回の世界教会会議開催は、教会が自分の信仰を固め、一致することを目的としている[9]」。そのうえで、「カトリック教会の刷新、キリスト者の一致、世界の平和」という「一致」の三つの次元について述べている。また、ヨハネ二十三世は、公会議開会演説「ガウデット・マーテル・エクレジア（*Gaudet Mater Ecclesia*）」（一九六二年十月十一日[10]）でも、第二バチカン公会議で取り組むべき三つの「一致（unitas）」として、「カトリック信者の一致、キリスト者の一致、教会と世界の一致」について述べている。さらに、パウロ六世は、第一会期後に急逝したヨハネ二十三世の遺志を受け継いで公会議継続を決定したが、第二会期の開会演説（一九六三年九月二十九日）[11]で、第二バチカン公会議の主要目的は、教会のより深い自己理解とカトリック教会の内的刷新、すべてのキリスト者の一致の回復、教会と現代世界との対話にあるとしている。このように、第二バチカン公会議時の教皇たちによる演説では、第二バチカン公会議の目的が三つの次元で遂行されるべき教会改革にあったことが明確に述べられている。

(2) J・H・ニューマンと第二バチカン公会議前のカトリック神学

ジョン・ヘンリー・ニューマン（John Henry Newman. 一八〇一―一九〇年）[12]は、しばしば「第二バチカン公会議の父（the father of Vatican II）」[13]と呼ばれている。第二バチカン公会議の公文書中でニューマンの影響が顕著にみられる箇所としてあげられるのが、伝統の発展可能性について述べられている『啓示憲章』（*Dei Verbum.* 一九六五年十一月十八日）の次の箇所である。「使徒たちに由来するこの聖伝は、聖霊の助けによって教会の中で進展［進歩］する」[14]。確かに、この一節には、ニューマンの『教義発展論』との親和性をみることができる。だが、第二バチカン公会議へのニューマンの影響について語ることは必ずしも容易なことではない[15]。それは、第二バチカン公会議公文書全体で、ニューマンに言及される箇所が全くないというからだけではない。そもそも第二バチカン公会議にニューマンが公会議教父として参加したのでない限り、第二バチカン公会議へのニューマンの直接的影響について語ることは事実上不可能なのである。にもかかわらず、第二バチカン公会議へのニューマンの影響について語ることは、あながち的外れな主張でもないのである。

十九世紀にローマ・カトリック教会は、イタリア統一運動——「リソルジメント（Risorgimento）」の中でイタリア各地にある教皇領を次々と失い、また「近代主義（modernism）」[16]を標榜する近代主義者たちが哲学的—歴史批判的方法にもとづいて新たな聖書解釈を提唱するなど多方面からさまざまな脅威にさらされていた。ローマ・カトリック教会は、そうした政治的—思想的な危機に直面して、真正面から対抗しようとした。すなわち、「ウルトラモンタニズム（ultramontanism）」とよばれる教皇の権限を極限まで強化・拡大しようとする教皇至上主義が掲げられたり、「新スコラ主義（neo-scholasticism）」にもとづく伝統的なスコラ神学を墨守し、教会内から「近代主義」的要素を徹底的に排除することなどによって対抗しようとしたのである。そのような一種の反動的な雰囲気の中で、ローマ・カトリック教会は次第に閉鎖的になり、神学的にも硬直した状況に陥っていったのである。そうした十九世紀のカトリック神学の閉塞的状況に対する強い危機意識の中から生まれ、第二バチカン公会議を推進することとなった新たな神学的潮流とみなされているのが「新神学（nouvelle théologie）」[17]である。

一般的な意味での新しい神学ということではなく、固有名詞としての「新神学」は、その概念自体の妥当性が問われることもあるものの[18]、おおよそ一九三五—六〇年頃の神学的潮流とされている。当初、「新神学」は、ローマ・カトリック教会当局からは、「近代主義」的神学の再来として警戒され、否定的評価をもって受けとめられていた[19]。そのような「新神

J. H. ニューマン

学」に対する否定的評価が肯定的評価へと転じ、第二バチカン公会議の先駆けとみなされるようになったのは、第二バチカン公会議後のことである。「新神学」の根本関心は、二十世紀半ばまでカトリック神学界で支配的だった「新スコラ主義[20]」を超克することにあったが、その際に「新神学」の神学者たちはいわゆる「肯定神学（positive theology）」の方法論に依拠した。すなわち、彼らは、何よりもまず聖書・教父・典礼などに立ち帰ることで、「新スコラ主義」の限界を乗り越えようとしたのである[21]。

「新神学」に数えられる神学者たちのうち、特にアンリ・ド・リュバック（Henri de Lubac / Henri-Marie Joseph Sonier de Lubac SJ. 一八九六―一九九一年）、イヴ・コンガール（Yves Marie-Joseph Congar OP. 一九〇四―九五年）、ジャン・ダニエルー（Jean Daniélou / Jean-Guenolé-Marie Daniélou SJ. 一九〇五―七四年）らを代表的神学者としてあげることができる。このうち、イエズス会員のド・リュバックとダニエルーの両者は、一九四二年のキリスト教教父の原典集成である『キリスト教の源泉（*Sources chrétiennes*）』の発刊に携わったことでも知られている。彼らは後に第二バチカン公会議の公会議教父の顧問神学者（periti）として活躍し、第二バチカン公会議で多大な貢献をすることになるのである。

「新神学」の神学者たちの聖書・教父・典礼などに立ち帰る肯定神学的な方法論は、まさにニューマンの神学的方法論であった。また、「新神学」の神学者たちの著作をみると、彼らが、ニューマンの著作に触れ、啓発されている痕跡を確認することができる[22]。その意味で、ニューマンが、後に公会議教父の顧問神学者となった「新神学」の神学者たちをとおして、第二バチカン公会議に間接的に影響をあたえたということはできるであろう。もっとも、そのようなやや曖昧なかたちでニューマンの間接的影響について語ることができるにしても、厳密な意味でニューマン神学の影響について語るためには、第二バチカン公会議に参加した公会議教父たちがニューマンから受けた影響や公会議の審議過程を綿密に検証しなければ[23]、第二バチカン公会議へのニューマンの影響について語ることはできないのである。

それゆえ、以下においては、第二バチカン公会議へのニューマンの直接的―間接的な影響の有無を歴史的に論証するという方法論はとらず、ニューマンの著作と第二バチカン公会議の公文書の関連箇所を対比させることで、第二バチカン公会議の先取りとしてのニューマン神学という意味でニューマン神学の先駆性を確かめてみたい。同時に、第二バチカン公会議からニューマンを照射することで、ニューマン神学のもつ現代性をも浮き上がらせてみたい。

また、教皇パウロ六世が第二会期の開会演説で述べたように、第二バチカン公会議が目指していたのは何よりも教会の刷新であり、教会のあり方を根本的に問い直すことに第二バチカン公会議の目的はあった。それゆえ、教会理解を軸にして、ニューマンと第二バチカン公会議を対比させ、第二バチカン公会議の先取りとしてのニューマン神学の教会論的な先駆性をみてみたい。その際は、『教義発展論』（*An Essay on the Development of Christian Doctrine.* 一八四五年／一八七八年）[24]と『教義に関して信徒に聞く』（*On Consulting the Faithful in Matters of Doctrine.* 一八五九年）[25]の二つの著作を取りあげ、「教義の発展（development of doctrine）」と「信仰者の同意（consensus fidelium）」の二つの観点に絞って取り扱ってみたい。

2　教義の発展

（1）ニューマンにおける教義発展

ニューマンは、その『教義発展論』[26]で、教義の発展可能性を論じている。『教義発展論』によれば、教義の発展には、「真正な発展（authentic development）」と「誤った発展（false development）」ないし「堕落（corruption）」とが区別されるが、真正な教義発展の基準には、「七つの標識（Seven Notes）」がある。すなわち、①類型の保持（Preservation of Type）、②原理の連続（Continuity of Principles）、③同化力（Power of Assimilation）、④論理的継続性（Logical Sequence）、⑤未来への期待（Anticipation of Its Future）、⑥過去の保守作用（Conservative Action upon Its Past）、⑦持続的力（Chronic Vigour）である。ニューマンによれば、これらの「標識」に適合している場合、それは真正な教義発展とみなされる。ただし、教義の発展とは、使徒の時代から伝承されている教義に新たに何かを付加するというのではなく、使徒伝承の教義に含まれる潜在的な内容を顕在化させるということである[27]。

だが、『教義発展論』におけるニューマンの関心は、単に教義の発展可能性を問うことにはなかった。むしろ、それは、一八四五年十月九日の英国国教会からローマ・カトリック教会へのニューマンの転会へと導く、ニューマン自身の使徒伝承性をめぐる問題関心であった。それは「聖書のみ（sola scriptura）」を掲げるプロテスタントと「聖書と伝統（scriptura et traditio）」を掲げるカトリックとの間の宗教改革以来の聖書と伝統の関係をめぐる神学的な対立である[28]。すなわち、聖書のうちに必ずしも直接には見いだすことのできないようなさまざまな「伝統（traditio / tradition）」にはたして正当性があるのかという問題である。『教義発展論』で、ニューマンは、こう述べている。

それ［理念 idea］は、同じであるためにそれら［形式 forms］とともに変わる。より高い世界ではそうではないが、この地上では生きることは変わることであり、また完全であるとは、しばしば変わったということである。(29)

この一般に広く知られている、「生きることは変わることであり、また完全であるとは、しばしば変わったということである」というニューマンの言葉には、狭く教義の発展可能性の問題を超える新たな教会理解をみることができる。それは、従来の静的な教会理解とは異なる、常に変化・発展してゆく教会という動的な教会理解である。ニューマンの教義発展論の元来の問題関心は使徒伝承性にあったが、それは使徒伝承性の問題を超えて、教会の歴史性、すなわち終末の完成に向かって歩む教会という新たな教会像へとつながってゆくのである。

しかしながら、『教義発展論』は、当時のローマ・カトリック教会で積極的に受容されることはなかった。それは、『教義発展論』で展開された教義発展に関するニューマンの精緻な論理展開が必ずしも説得力をもたなかったということもあるが、『教義発展論』における「発展（development）」概念が、チャールズ・ダーウィン（Charles Robert Darwin. 一八〇九―八二年）の『種の起源』（*On the Origin of Species.* 一八五九年）で提唱された「進化（evolution）」概念を連想させたこともあり、当時のローマ・カトリック教会当局から「近代主義」の嫌疑をもって受けとめられたからである。にもかかわらず、ニューマンの『教義発展論』にしめされた教会理解は、ローマ・カトリック教会内で神学者たちの間で静かに確実に浸透していった。後に、一八六九年の第一バチカン公会議開催の準備段階でニューマンに対して顧問神学者のオファーがあったことや一八七九年にレオ十三世からニューマンが枢機卿に任命されたということも、ニューマンが、十九世紀後半の段階でローマ・カトリック教会内で既に認知され、肯定的に評価されていたことをしめすものということができるであろう。こうして、ローマ・カトリック教会内で第二バチカン公会議の新たな教会理解への道が準備されていったが、以下にみる第二バチカン公会議の『教会憲章』(*Lumen gentium.* 一九六四年十一月二十一日)には、まさにニューマンの『教義発展論』にしめされているような、常に変化・発展してゆく教会という動的な教会理解をみることができる。

(2) 第二バチカン公会議における教義発展

①「聖書」と「伝統」の関係

第二バチカン公会議で掲げられた教会改革における根本関心の一つは、上述した三つの教皇演説(59―60頁)にみることができるように、ローマ・カトリック教会とキリスト教諸派との対話と和解にあった。宗教改革以来カトリックとプロテスタントが対立してきた「聖書」と「伝統」の関係の問題についても、トリエント公会議以来堅持されてきたローマ・カトリックの立場に新たな次元が開かれることとなった。

第二バチカン公会議に至るまで、ローマ・カトリック教会は、いわゆる二源泉説、すなわち啓示の二つの源泉としての「聖書と伝統」というトリエント公会議の決定を堅持してきた。すなわち、「聖書のみ」という宗教改革側の立場に対して、ローマ・カトリック教会は、聖書に直接には遡らない「伝統」の重要性を強調してきたのである。第一バチカン公会議の教義憲章『デイ・フィリウス』(*Dei Filius.* 一八七〇年四月二十四日)でも、トリエント公会議の決定[30]がそのまま引用され、次のように述べられている。「聖なるトレント公会議において宣言された全教会の信仰によれば、この超自然的啓示は、『書き記された書物と、書かれていない伝承とに(in libris scriptis et sine scripto traditionibus)含まれている。伝承は使徒たちがキリスト自身の口から受継ぎ、聖霊の神感によって、手から手へ渡すようにして、使徒たちからわれわれに伝えられたものである[31]』」。このローマ・カトリック教会の立場は、そもそも十六世紀の宗教改革運動に対していわば対抗的に主張されたものであった。にもかかわらず、カトリック教会が「伝統」の意義を堅持することで、結果として教義の発展可能性という神学的洞察の余地を残すことになったのである。つまり、単に後世によって付加されたのではない、聖書の教えの理解と表現の深化――ニューマンの用語法では、「潜在性」から「顕在性」へ――という意味での教義の発展可能性への理解を開くことになったのである。

宗教改革以来、ローマ・カトリック教会では、啓示二源泉説によって聖書と伝統の両者が二項的に理解されてきた。ところが、第二バチカン公会議の『啓示憲章』(*Dei Verbum.* 一九六五年十一月十八日)では、聖書と伝統を啓示の二つの源泉とする従来の二項的な立場から新たに一歩を踏み出し、聖書と伝統の一体性を強調するようになった。『啓示憲章』では、神こそが聖書と伝統に共通する源泉であるとしたうえで、両者の密接な関連性とその目指すところの同一性を強調している。「それゆえ、聖伝と聖書とは互いに密に結びつき、通じ合っている。というのは、神という同じ源から流れ出ている両者（ex eadem divina scaturigine promanantes）は、ある程度は一体であって、同一の目的を目指しているからである」[32]。また、啓示憲章では、聖書と伝統が、神の言葉の一つの「遺産（depositum）」であるとされている。「聖伝と聖書とは、神のことばの一つの聖なる遺産（unum verbi Dei sacrum depositum）を形成し、教会に託されたものである」[33]。

こうして、対抗宗教改革的に主張されてきた啓示二源泉説を脱し、第二バチカン公会議では、「聖書」と「伝統」の一体性が強調されるようになった。これとともに、神の言葉を源泉とする「伝統」が教会共同体で保たれてきた「遺産」として改めて積極的に評価されることとなったのである。そもそも、聖書自体、教会共同体の中で生まれ、保たれてきた「遺産」である。だが、聖書とは区別されて教会共同体の「遺産」として積極的に評価された「伝統」は、同じく教会共同体の「遺産」である聖書とともに、より根本的な意味で神の言葉自体に遡るものであり、ただ単に歴史の経緯の中で不当に付け加えられたものではないということがより明確にしめされることとなった。こうして、聖書と伝統の一体性という新たな立場によって、聖書と伝統の両者を統合する神の言葉の次元へと開かれることとなったのである。

もちろん、教会共同体の「遺産」には、その重要性に応じてさまざまな段階的な区別があり、すべてが同等の価値を有するものとみなされるわけではない[34]。イエスと使徒たちに遡る変わることのないものと時代とともに変わり廃れてゆくものとを同一視することはできないのである。『エキュメニズムに関する教令』（*Unitatis redintegratio.* 一九六四年十一月二十一日）でも、「信仰の遺産」における変わりゆくものと変わらないもの――「信仰の遺産そのもの（ipsum depositum fidei）」――とが区別されている。「したがってその時々の状況により、道徳において、教会規律において、さらに教理の表現のしかた――これは、信仰の遺産そのものとは慎重に区別されなければならない――においてさえも、正確に保たれていないものがあれば、適当な時期に適宜刷新［修正］される必要がある（opportuno tempore recte debiteque instaurentur）」[35]。イエスと使徒に遡る「信仰の遺産そのもの」は変わることなく保たれてゆかねばならない。だが、その他の「道徳、教会規律、さらに教理の表現のしかた」などは変わりうるものとして、むしろ絶えず修正・刷新されてゆかなければならないのである。

教会共同体の「遺産」の継承ということに関して見落としてはならないのは、「教導職（magisterium）」の役割である。第二バチカン公会議は、啓示憲章で、教会共同体の「遺産」継承のために役務として遂行される「教導職」について述べている。「ところで、書かれた神のことばや伝承された神のことばを正しく解釈する任務は、ただ教会の生きた教導職のみにゆだねられており、その権威はイエス・キリストの名において行使される」[36]。ここで重要なことは、教導職は、決して教会共同体から切り離すことはできず、その役務が教会全体の信仰から独立したかたちで遂行されることはないということである。教導職は、いわば教会共同体を代表して、教会共同体が祈りと考察のうちに守ってきた「遺産」を継承するという役務を遂行する。したがって、教導職の教導権は、教会共同体から独立したかたちで教導職が専有し、排他的に行使するのではない。教導職は、あくまでも教会共同体にあって教会共同体に奉仕する役務を遂行するのである。その際、「［…］正しく解釈する任務は、ただ教会の生きた教導職のみにゆだねられており」という文言は、教導職の権限の排他性を強調するものではなく、教導職が最終的に責任をもって教会共同体を代表して教導権を行使するという意味で理解すべきである。さらに、ここで注目すべきことは、神の言葉と教導職の関係を明確にしたことである。「もちろん、この教導職は神のことばの上にあるのではなく（non supra verbum Dei est）、これに奉仕するものであって、伝承されたものだけを教えるのである」[37]。教導職は、決して神の言葉の上にあるものではなく、あくまでも神の言葉に奉仕するものなのである。

② 「伝統」の発展可能性

第二バチカン公会議で強調された「遺産」としての教会の「伝統」の積極的意義に関する洞察は、「伝統」自体の意義を主張することにとどまらず、まさにニューマンの『教義発展論』の核心部分である「伝統」の発展可能性へと導くこととなる。啓示憲章では、「使徒たちに由来するこの聖伝は、聖霊の助けによって教会の中で進展［進歩］する」[38]と述べている。伝統が発展するとは、以前には存在しなかったものが恣意的に新たに付け加えられるということではなく、教会共同体の成員の祈りと考察によって神の言葉についての理解が深まり、その理解の深まりに即して新たな表現が見いだされてゆくということである。さらに、啓示憲章では、引き続きこう述べられている。「というのは、伝えられた事物やことばの理解が深まるのは、信者たちが観想と研究によってそれらを心のうちで思いめぐらし（ルカ2・19、51参照）、また体験された霊的なことがらを深く理解し、あるいは司教職の継承とともに真理の確かなたまものを受けた人たちが告げ知らせるからである」[39]。このような理解の段階的な深まりという意味での教義発展可能性は、新約聖書の復活物語における復活者を段階的に認識する弟子たちの姿（ルカ24・13—35、ヨハネ20・11—18参照）にみることができるが、イエスはキリストであるというキリスト告白を頂点とする新約聖書の証言全体のうちにもみることができるのである。

③教会の発展可能性

教義発展可能性に関する理解は、さらに新たな教会理解へと開かれる。啓示憲章では、次のように述べられている。

すなわち、教会は、神のことばが自分の中で成就されるときまで、時代の推移とともに、神に由来する真理が満たされることを目指すのである[40]。

ここでは、教会が「時代の推移とともに（volventibus saeculis）」歩む姿が描かれている。その基盤にあるのは、教会が、変わらないものではなく、変わりうるものであるという教会理解である。この教会理解は、教会が、決して固定されたものではなく、常に変化してゆくという教会自体の発展可能性への洞察へとつながる。それは静的な教会理解から動的な教会理解への大きな転換であった。同時に、ここには、動的な教会理解にとどまらず、終末の完成へと向かって歩む教会の姿が描かれている。このような終末の完成への途上にある教会という教会観は、「絶えず改革されるべき教会（Ecclesia semper reformanda）」という教会理解へとつながってゆく。すなわち、教会は、決して完成された非のうちどころのないものではなく、絶えず刷新してゆくことが求められているのである。教会の絶えざる刷新について、教会憲章では、次のように述べられている。

キリストは、「聖であり、罪なく、汚れなく」（ヘブライ7・26）、罪と何のかかわりもなく（2コリント5・21参照）、ただ人々の罪を償うためにのみ来たのであるが（ヘブライ2・17参照）、自分の懐に罪人を抱いている教会は、聖であると同時につねに清められるべきであり、悔い改めと刷新との努力をたえず続けるのである。[41]

ピウス十二世の回勅『ミスティチ・コルポリス』（Mystici corporis. 一九四三年六月二十九日）で提示された「キリストの神秘体（corpus Christi mysticum）」[42]という教会像は、とかく教会自体の神聖化につながってしまいがちであった。だが、この教会憲章の一節にみられる教会像は、それとは大きく異なっている。確かに教会憲章でも「キリストの神秘体」という表現は保たれているが[43]、ここでは教会について「自分の懐に罪人を抱いている教会」とされ、「罪人の教会」という言葉自体は用いられていないにせよ、教会の絶えざる刷新ということが教会に常に取り組むべき課題として明確に掲げられている。教会は、「神的要素と人的要素（divinum elementum et humanum elementum）」[44]からなるゆえに、「聖にして清められるべき（sancta simul et semper purificanda）」である。すなわち、教会は、その「人的要素」ゆえに常に誤り、過ちを犯しうるが、そのつど「神的要素」であるキリスト自身に立ち帰ることによって、「悔い改めと刷新（poenitentia et renovatio）」をとおしてそのあるべき姿を取り戻す。こうして、教会は終末の完成に至るまで歩み続けるのである。エキュメニズムに関する教令では、こう述べられている。「旅する教会は、地上的で人間的な制度がつねに必要としている改革をたえず行うようキリストから招かれている」[45]。ここでは、いわばキリスト中心的な教会理解にもとづく教会刷新について述べられている。すなわち、教会は、「旅する教会（Ecclesia in via peregrinans）」として、キリストに呼び集められた者たちの集いとして、キリスト自身に立ち帰ることによる絶えざる自己改革へと招かれている。それは、エキュメニズムに関する教令でこの文言に先立って述べられているように、「教会の刷新はすべて、本質的には教会の召命に対する成熟した忠実さにある」からである。

上述の「現代化」と「源泉回帰」という概念を用いるならば、第二バチカン公会議の目指していたのは、単なる「現代化」のための「現代化」でもなく、単なる「源泉回帰」のための「源泉回帰」でもない。すなわち、古いものを捨ていたずらに新しさを追求するということではなく、また古いものをいたずらに懐古趣味的に復興させるということでもない。そうではなく、パウロ六世による第二会期の開会演説で「全きキリスト（Christus totus）」という表現で教会刷新におけるキリスト中心性が強調されているように、まさに教会の源泉そのものであるキリスト自身に立ち帰ることで成し遂げられる教会の刷新である。このようなキリストに根ざした教会の絶えざる刷新――「絶えず改革されるべき教会（Ecclesia semper reformanda）」――において、「現代化」と「源泉回帰」は、二つの異なるものではなく、一つものとなっているのである。

（3）「信仰者の同意（consensus fidelium）」

①ニューマンにおける「信仰者の同意」

一八五九年にニューマンは、カトリックの知識層を対象とした「ランブラー（*Rambler*）」誌の編集者を引き受けることになった。ニューマンは、同年五月号への投書で信徒の神学研究の是非の問題提起がなされたのを受け、同年七月号で教義決定の際の信徒の役割を強調する論を展開したが、この記事が契機となって、ニューマンと教会当局との間で軋轢が生まれることとなった。その際に特に問題となったのが、一八五四年十二月八日の「マリアの無原罪の御宿り（Immaculata conceptio Beatae Virginis Mariae）[46]」の教義決定のプロセスを取りあげつつ、教義決定プロセスにおける全教会への諮問の重要性について述べた次の一節である。

> 近年の無原罪の御宿りの教義の際のように、教義の定義の準備に際して信徒に聞く[47]。

教義決定プロセスにおける信徒への諮問――「信徒に聞く（the faithful are consulted）」――の意義を強調したことをめぐって、英国司教団、ひいてはローマ・カトリック教会当局から、ニューマンは近代主義的な危険思想の持ち主としての嫌疑を受けることとなった。これがいわゆる「ランブラー事件」（The Rambler Affair）[48]として知られている出来事である。その後、『教義に関して信徒に聞く（*On Consulting the Faithful in Matters of Doctrine*）』は、一九六一年に書籍として出版されて解禁となるまでに実に百年を要したのである。

十九世紀のローマ・カトリック教会では、「教導職」は、現代とは比較にならないほどに絶大な権威をもっていた。そうした当時のカトリック教会の雰囲気の中で、ニューマンは、あくまでもカトリック教会の伝統に即して忠実に「教導職」の権威に対して最大限の敬意を払い、「信徒に聞く」ということは、決して「教導職」の権威を軽視したり、ましてや貶めようとするものではないことを強調している。「聞く（consult）」という概念については、こう述べている。「英語の『聞く（consult）』という言葉は、間違いなく信頼と敬意（trust and deference）を表現する言葉だが、屈従（submission）ではない。それは事実を探究し、判断を仰ぐ観念を含んでいる」[49]。このように、ニューマンは、教義決定の際に「信徒に聞く」ことは、教導職の担っている役割を決して否定するものではないことを繰り返し強調している。

他方で、ニューマンは、四世紀のアレイオス論争の際に教会が陥った混乱を引き合いにだしながら、「教える教会（Ecclesia docens / the teaching Church）」である教導職と「教えられる教会（Ecclesia docta / the taught Church）」であると信徒を対比させ、信徒の信仰と判断が「教える教会」（教導職）の機能不全を克服することになったとして、次のように述べている。「あの未曾有の混乱時に、我らの主の神性の神的な教義が宣言され、強化され、維持され、また（人間的に言うと）保たれた。それは『教える教会（Ecclesia docens）』よりも、遥かに『教えられる教会（Ecclesia docta）』によるものだったのである」[50]。このような表現は、教導職の重要性を強調しながらも、ニューマンが、あたかも「教える教会」に対する「教えられる教会」の優位性を主張しようとしているかのような印象をあたえかねない。宗教改革の危機以来、ローマ・カトリック教会当局は、教導職の権威を否定する動きに対して常に非常に敏感に反応してきた。そのような時代背景の中では、当時の教会当局の過敏とも思われる反応もある程度は理解することができるであろう。ただ、ニューマン自身には、カトリックの伝統的な教導職の権威を否定したり軽視したりする意図は毛頭なく、教会における積極的主体としての信徒の役割を強調しようとしたのである。『教義に関して信徒に聞く』では、次のように述べられている。

信徒の総体は啓示された教義の事実の証しの一つであり、またそのキリスト教をとおしての同意は不可謬な教会の声なのである。(51)

ここで、ニューマンは、教会の教義は信徒の総体の証しにもとづくものであり、教会の不可謬性は信徒の総体の「同意（consensus）」にもとづくものであることを強調している。ただし、それは、信者の同意による承認が、教義決定の手続き上必要だということではない。教会の教義が信者の承認を経てはじめて決定されるということではなく、教会の教義があくまでも教会全体の信仰にもとづき、支えられているということだったのである。

ただし、ここで注意しなければならないのは、ニューマンが「信者（the faithful）」概念をどのように理解して用いていたのかということである。確かに、四世紀のアレイオス論争における「教える教会」である教導職と「教えられる教会」である信者を対比させるとき、「信者（the faithful）」概念は、教導職の担い手ではない教会の一般的な構成員という消極的な意味で用いられているかのような印象を受ける。だが、現代のカトリック教会において役務者ではない教会の構成員について一般的に用いられている“lay person”という言葉をニューマンは用いていない。この点に注目すると、[52]ニューマンのいう「信者（the faithful）」とは、役務の担い手としての教導職をも含む、広い意味で教会を構成するすべての成員が念頭におかれているとみるべきであろう。そのように考えると、上掲のニューマンの一節には、第二バチカン公会議の教会論を貫いている「神の民」の神学を先取るような神学的洞察をみることができるのである。「神の民」とは、教導職も信徒も含む、すべての教会共同体の構成員である。このような神の民の神学によって、宗教改革以来、長年にわたり西方キリスト教界が陥っていた教導職か信徒かという二項対立や二者選択をも克服することになるのである。

このような『教義に関して信徒に聞く』にみられる教会理解が、ニューマンにおける根本的な神学的洞察であったことは、ニューマンの他の著作からも確かめることができる。ニューマンは、その自伝的な大著である『アポロギア――我が生涯の弁明』（*Apologia pro Vita Sua.* 一八六四年[53]）で、偶々出会った次のアウグスティヌスの言葉を紹介している。

これに関して、いかなる部分にあろうとも、自ら分かれるのは善ではないと、世界［普遍的教会］は誤りなく判断する。[54]

これは、アウグスティヌスの『ドナトゥス派反駁』の中の「パルメニアヌスの書簡に対して」（*Contra Epistolam Parmeniani*）で、ドナトゥス派による教会分裂の危機にあった古代教会について述べられた一節であるが、この「世界の判断は誤らない（Securus judicat orbis terrarum）」というアウグスティヌスの言葉から、ニューマンは、教会全体の判断の不可謬性の問題をとおして、教会の判断とはいかにあるべきなのかということについて直観的に洞察することとなったのである。この体験について、ニューマンは、こう述べている。「というのは、単なる一文、その聖アウグスティヌスの言葉［世界の判断は誤らない。］は、それまでいかなる言葉からも決して感じなかった力をもって私を打った[55]」。

ここでも、教導職か信徒かという二者択一の問題に還元してはならない。教導職か信徒かのいずれか一方に優位性があるということではなく、教会の判断とは、すべての教会の構成員の祈りと考察によって到達する教会全体の判断ということである。また、ニューマンは、教義決定に限らず、教会の判断は「私的な判断（private judgements）」と「権威（authority）」の相互作用にあるとして、次のように述べている。「カトリック・キリスト教は、宗教的絶対主義を単に陳列するのではなく、権威と私的な判断が、波の干満のように交互に進んだり、退いたりする継続的な姿を提示するのである[56]」。すなわち、教導職と信徒のいずれかが一方的に優位性をもち、権限を行使したりするのではなく、両者が相互に働きかけながら、時には「波の干満のように交互に進んだり、退いたり」しながら、教会の判断が徐々に形成されてゆく姿こそが、ニューマンによれば、真にカトリック的な教会の判断のあり方なのである。

②第二バチカン公会議における「信仰者の同意」

ニューマンが『教義に関して信徒に聞く』で展開した「信仰者の同意」に関する神学的洞察は、第二バチカン公会議においてローマ・カトリック教会の公式見解として宣言されることになった。「信仰者の同意」について、教会憲章では次のように述べている。

聖なるかたから油を注がれた信者の総体は（一ヨハネ2・20、27参照）、信仰において誤ることができない。この特性は、「司教をはじめとしてすべての信徒を含む」信者の総体が信仰と道徳の事がらについて全面的に賛同するとき、神の民全体の超自然的な信仰の感覚を通して現れる。[57]

教会の判断の不可謬性を保証するのは、「信仰の感覚（sensus fidelium）」としてあらわされる「神の民」としての教会全体の祈りと考察なのである。この「信者の総体は、信仰において誤ることができない（Universitas fidelium in credendo falli nequit）」に始まる一節は、教会憲章のみならず、第二バチカン公会議の公文書全体で最も重要な一節であるが、上掲の「信徒の総体は啓示された教義の事実の証しの一つであり、またそのキリスト教をとおしての同意は不可謬な教会の声だからである」[58]というニューマンの言葉を彷彿とさせる。もちろん、「神の民」の神学がローマ・カトリック教会の公式見解として展開されるのは、第二バチカン公会議まで待たねばならなかったが、教会憲章で述べられていることは、上述のニューマンの言葉と内容的に完全に一致しているのである。

また、ここでは、「信者の総体」とは「司教をはじめとしてすべての信徒を含む」とされ、教導職が「信仰の感覚」をもった「神の民」としての教会全体に含まれていることが強調されている。それゆえ、教導職は、決して教会全体の信仰から切り離されることはなく、その権限も教会全体から孤立したかたちで行使されることはない。それは、教導職の権威とは、あくまでも「神の民」としての教会全体の信仰に裏づけられたものだからである。そのため、教会憲章では、「教会に約束された不可謬性（Infallibilitas Ecclesiae promissa）」について、次のように述べられている。「教会に約束された不可謬性は、司教団がペトロの後継者とともに最高の教導職を果たすとき、司教団の中にも存在する。これらの決定に教会の同意が決して欠けることがありえないのは、キリストの群れ全体を信仰の一致のうちに保ち、前進させる同じ聖霊の働きがそこにあるからである[59]」。ここで注目すべきことは、教導職の決定に「教会の同意（assensus Ecclesiae）」が欠けることがないのは、教導職を含む「信者の総体」としての教会全体が聖霊の働きに貫かれているという文言である。このように、第二バチカン公会議における「信仰者の同意」ということは、一貫して聖霊論的な教会理解にもとづいているのである。

結び――徹底した「源泉回帰」による「現代化」としてのニューマン神学

第二バチカン公会議の目的は、何よりも教会刷新に向けて教会のあり方を根本的に問い直すことにあった。このことを踏まえ、教会理解を軸にして、「教義の発展」と「信仰者の同意」という二つの教会論的な観点から、ニューマンの著作と第二バチカン公会議の公文書にみられる教会理解とを対比させてきた。これによって、第二バチカン公会議の先取りとしてのニューマン神学の教会論的な先駆性が明らかになるとともに、第二バチカン公会議からニューマンを照射することで、ニューマン神学のもつ現代性が明らかとなった。とはいえ、ニューマンの膨大な著作のうち、ここで取りあげたのは『教義発展論』と『教義に関して信徒に聞く』の二つの著作に限られ、ニューマン神学の全貌に迫ったとは到底いいがたく、ニューマン神学全体への包括的な取り組みが今後の課題として残されている。

興味深いのは、十九世紀のローマ・カトリック教会を覆っていた閉塞的な状況の中で、ニューマン神学はいかにしてそのような先駆性をもちえたのかという問いである。確かに、ニューマンの先駆性は、ニューマンの学問的背景となるオックスフォード大学の自由な学問的雰囲気と無関係ではないであろう。あるいは、ニューマンの先駆性は、ローマ・カトリック教会の中心であるローマから離れているという英国の地理的条件がその一因となっているかもしれない。ヨーロッパ大陸のアルプス以北の地域においては、ローマとの距離は教会史上しばしばローマ・カトリック内の緊張関係の要因となってきたが、汎ローマ・カトリック的な世界地図では、英国は、ヨーロッパ大陸のアルプス以北よりもさらに周辺部分に位置している。だが、「ランブラー事件」にもみることができるように、ローマから遠く離れた周辺部分にあるという地理的条件にもかかわらず、ニューマンは、当時の中央集権的なローマ・カトリック教会当局からは決して自由ではなかったのである。

恐らくニューマン神学において何よりも大事なことは、ニューマンが、後の「新神学」にもつながるような、いわゆる肯定的な神学的方法論、すなわち聖書・教父・典礼に立ち帰り、深い祈りのうちに神学の営みに真摯に取り組んだことにあるのであろう。このまさに徹底した「源泉回帰」によってもたらされる「現代化」にこそ、ニューマン神学の先駆性の秘密があるのであろう。その意味で、ニューマン神学の先駆性とは、ただ単に時代を先取りしていたという意味での新しさではなく、時代を超えた真の源泉に立ち帰ることで時代を超えた真の新しさを獲得するということである。

翻って日本の神学の未来について考えるとき、このニューマンの神学的姿勢から多くのことを学ぶことができるであろう。日本は汎ローマ・カトリック的世界では英国よりも遥かに周辺部分に位置しているが、ニューマンの神学的姿勢に倣い、徹底した「源泉回帰」による「現代化」に真摯に取り組むならば、必ずやこの日本の地に根ざした真に深みのある日本の神学を創りだすことができるであろう。

注

（1）第二バチカン公会議文書の邦訳には、『第二バチカン公会議　公文書　改訂公式訳』、カトリック中央協議会、二〇一三年を用いる。また、公会議文書の詳細な注解として、以下を参照。*Das Zweite Vatikanische Konzil. Dokumente und Kommentare* I–III, Darmstadt 2014 (*Lexikon für Theologie und Kirche* 2. Aufl., Ergänzungsbände [LThK.E] I–III, Freiburg i. Br. 1966–68). なお、第二バチカン公会議公文書以外の教会公文書集として、以下を参照。*Kompendium der Glaubensbekenntnisse und kirchlichen Lehrentscheidungen / Enchiridion symbolorum definitionum et declarationum de rebus fidei et morum* (DH), Heinrich Denzinger. Verb., erw., ins Dt. übertr. und unter Mitarb. von Helmut Hoping hrsg. von Peter Hünermann, Freiburg i. Br. u. a. 2017 (45., verb. u. erw. Aufl.)〔邦訳　デンツィンガー・シェーンメッツァー『カトリック教会文書資料集　改訂版』A・ジンマーマン監修／浜寛五郎訳、エンデルレ書店、一九八二年（一九七四年）〕。なお、第二バチカン公会議公文書以外の教会公文書はDH番号でしめす。

（2）第二バチカン公会議の公文書中では「現代化（aggiornamento）」概念自体は用いられてはいないものの、教皇ヨハネ二十三世は、一九五九年に既に教会法刷新との関連で同概念を用いている。GIOVANNI XXIII,

Allocuzione con la quale il Sommo Pontefice annuncia il Sinodo Romano, il Concilio Ecumenico e l'aggiornamento del Codice di Diritto Canonico.

http://w2.vatican.va/content/john-xxiii/it/speeches/1959/documents/hf_j-xxiii_spe_19590125_annuncio.html.

（3）John W. O'Malley, *What happened at Vatican II*, Cambridge, 2008, pp. 36–43; Avery Dulles, *John Henry Newman*, London-New York 2009 (2002), 151; John W. O'Malley, *When Bishops Meet. An Essay Comparing Trent, Vatican I, and Vatican II*, London-Cambridge, 2019, pp. 50–56.

（4）J・オマリーは、ヨハネ二十三世による公会議開会演説で用いられた「適切な変革によって（opportunis emendationibus）」（*Gaudet Mater Ecclesia*, 3）という表現のうちに実質的な「現代化（aggiornamento）」の精神をみている。

http://w2.vatican.va/content/john-xxiii/la/speeches/1962/documents/hf_j-xxiii_spe_19621011_opening-council.html.

J. W. O'Malley, *What happened at Vatican II*, p. 37f.; J. W. O'Malley, *When Bishops Meet*, p. 51.

（5）現代世界憲章4・1項。

（6）修道生活の刷新・適応に関する教令2・1項。

（7）GIOVANNI XXIII, *Radiomessaggio a tutti i fedeli cristiani ad un mese dal Concilio Ecumenico Vaticano II.*

http://w2.vatican.va/content/john-xxiii/it/speeches/1962/documents/hf_j-xxiii_spe_19620911_ecumenical-council.html.

ただし、「内へ（ad *intra*）」と「外へ（ad *extra*）」という表現は、ヨハネ二十三世自身による考案というよりも、第二バチカン公会議の進歩的公会議教父たちの中で指導的立場にあった、マリーヌ・ブリュッセル大司教ヨゼフ・スーネンス（Léon-Joseph Suenes / Leo Jozef Suenens）（一九〇四―九六年）の影響によるものとされている。J. W. O'Malley, *What happened at Vatican II*, p. 157 参照。

（8）https://w2.vatican.va/content/john-xxiii/la/apost_constitutions/1961/documents/hf_j-xxiii_apc_19611225_humanae-salutis.html.

（9）*Humanae Salutis*, 7.

（10）*Gaudet Mater Ecclesia*, 8.

（11）http://w2.vatican.va/content/paul-vi/la/speeches/1963/documents/hf_p-vi_spe_19630929_concilio-vaticano-ii.html.

（12）J・H・ニューマンの神学を概観する文献として、以下を参照。Ian Ker, *Newman on Being a Christian*, Notre Dame, 1990〔邦訳　イアン・カー『キリストを生きる――ニューマンの神学と霊性』川中なほ子／橋本美智子訳、教友社、二〇〇六年〕；*The Cambridge Companion to John Henry Newman*, edited by Ian Ker and Terrence Merrigan, Cambridge 2009. また、ニューマンに関する邦語文献としては、川中なほ子『J・H・ニューマン研究』教友社、二〇一五年を参照。また、「神学ダイジェスト――ニューマン枢機卿列福記念号」111号（二〇一一年冬季号）も参照。なお、ニューマンの生涯については、以下を参照。Owen Chadwick, *Newman*, Oxford 1983〔邦訳　O・チャドウィック『ニューマン』川中なほ子訳、教文館、一九九五年〕；Ian Ker, *John Henry Newman. A Biograhpy*, Oxford 2010 (1988)。また、以下は、二〇一〇年のニューマンの列福式の際に出版されたニューマンの公式の伝記である。Keith Beaumont, *Blessed John Henry*

Newman. Theologian and spiritual guide for our times, London 2010.

（13）Ian Ker, *Newman on Vatican II*, Oxford 2014, p. 1.

（14）啓示憲章8・3項。

（15）Nicolas Lash, *Tides and Twilight*. Newman since Vatican II, in: *Newman after a Hundred Years*, edited by Ian Ker and Alan G. Hill, Oxford 1990, pp. 447–464, p. 450. また、A. Dulles, *John Henry Newman*, 151も参照。

（16）ピウス十世の回勅「パシェンディ（*Pascendi dominici gregis*）」（一九〇七年九月八日）（DH 3475–3500）には、ローマ・カトリック教会当局から「近代主義」とみなされた神学的立場がまとめられている。これに先立ち、検邪聖省の教令「ラメンタビリ（*Lamentabili*）」（一九〇七年七月三日）（DH 3401–3466）には、「近代主義」という表現は用いられないものの、「近代主義」とみなされる神学的立場が六五項目にまとめられている。

（17）「新神学（nouvelle théologie）」を包括的にまとめる最近の好著として、以下を参照。Jürgen Mettepenningen, *Nouvelle Théologie – New Theology. Inheritor of Modernism, Presursor of Vatican II*, London-New York, 2010; *Ressourcement. A Movement for Renewal in Twentieth-Century Catholic Theology*, ed. by Gabriel Flynn and Paul D. Murray, Oxford 2013.

（18）J. Mettepenningen, *Nouvelle Théologie – New Theology*, p. 7f. 参照。

（19）J. Mettepenningen, *Nouvelle Théologie – New Theology*, p. 4f. 参照。例えば、ピウス十二世の回勅『フマーニ・ジェネリス』（*Humani generis*. 一九五〇年八月十二日）（DH 3875–3899）は、直接「新神学」を対象としているわけではないものの、神学上の「新しさ（novitates）」に対して警告を発している。DH 3890：「このような新しい精神が神学のすべての分野にゆきわたり、有害な結果が表われていることは驚くべきではない。」

(20) G・オコリンズは、「新スコラ主義」を「マニュアル神学（manualist theology）」および、①退行的（regressive）、②概念的（×歴史的、聖書的）（conceptual）、③法律主義（legalistic）、④非―典礼的（non-liturgical）、⑤非―経験的（non-experiential）の五つの特徴でまとめている。Gerald O'Collins, Resourcement and Vatican II, in: *Ressourcement*, pp. 372–391 参照。

(21) J・メッテペニンゲン（Jürgen Mettepenningen）は、「新神学」を特徴づけているものとして、ⓐフランス語の神学：フランス語圏（フランス、ベルギー）の神学、ⓑ対新スコラ主義：新スコラ主義（neo-scholasticism）に対する批判的姿勢、ⓒ肯定神学（positive theology）：聖書・教父・典礼の三点をあげている。J. Mettepenningen, Nouvelle Théologie: Four Historical Stages of Theological Reform Towards Ressourcement (1935–1965), in: *Ressourcement*, pp. 172–184, p. 173f. また、J. Mettepenningen, *Nouvelle Théologie – New Theology*, pp. 9–11 も参照。

(22) 例えば、コンガールの『伝統と諸伝統（*La Tradition et les traditions*）』では、数多くの箇所でニューマンに言及されている。Yves Congar, *La Tradition et les traditions I / II*, Paris 2010 (1960 / 1963) の各巻末の索引の "Newman J. H." の項目を参照。

(23) N・ラッシュは、第二バチカン公会議会期中になされたニューマン関連の発言を個別に検証している。N. Lash, *Tides and Twilight*, pp. 448–450.

(24) John Henry Newman, *An Essay on the Development of Christian Doctrine*, Leominster 2018 (Dev.).

(25) John Henry Newman, *On Consulting the Faithful in Matters of Doctrine*, ed. with an introduction by John Coulson, Lanham, MD, 2006 (London 1961) (*Cons.*).

(26) 『教義発展論』に関する邦語文献として、以下を参照。川中なほ子「『キリスト教教理発展論』の現代的意味」、川中なほ子『J・H・ニューマン研究』所収、157—170頁、川中なほ子「J・H・ニューマンの『キリスト教教理発展論』」、同書所収、171—193頁。

(27) ニューマンは、『大学説教集』第一三説教（一八四〇年六月二十九日）で、「潜在的理性と顕在的理性」(Implicit and Explicit Reason) という主題で潜在性と顕在性の問題を取り扱っている。'Implicit and Explicit Reason (Preached on St Peter's Day, 1840)' [Sermon 13], in: *The Genius of John Henry Newman. Selections from his Writings*, edited with an introduction by Ian Ker, Oxford, 1989, pp. 58-69.

(28) この宗教改革以来のカトリックとプロテスタントとの間の対立克服の試みにつき、川中仁「キリストの福音の伝承——『聖書のみ』と『聖書と伝統』の対立を超えて」、『ルターにおける聖書と神学』リトン、二〇一六年所収、91—119頁参照。

(29) Dev., p. 40: "It [idea] changes with them [forms] in order to remain the same. In a higher world it is otherwise, but here below to live is to change, and to be perfect is to have changed often."

(30) DH 1501.

(31) DH 3006.

(32) 啓示憲章9・1項。

(33) 啓示憲章10・1項。

（34）「伝統（traditio）」は、“Traditio”（大文字・単数）、すなわちイエスと使徒に遡ることのできる時代を超えて変わることのない「伝統」と“traditiones”（小文字・複数）、すなわち時代とともに変わり、変わってゆかなければならない「伝統」とが区別される。これにつき、Y. Congar, *La Tradition et les traditions I / II* 参照。

（35）エキュメニズムに関する教令6・1項。

（36）啓示憲章10・2項。

（37）同書。

（38）啓示憲章8・3項。

（39）同書。

（40）同書。

（41）教会憲章8・3項。

（42）DH 3806.

（43）教会憲章8・1項。

（44）同書。

（45）エキュメニズムに関する教令6・1項。

（46）ピウス九世の大勅書「インエファビリス・デウス」（Ineffabilis Deus. 一八五四年十二月八日）（DH 2800–2804）

（47）*Cons.*, p. 53: “In the preparation of a dogmatic definition, the faithful are consulted, as lately in the instance of the Immaculate Conception.”

(48)『教義に関して信徒に聞く』については、一九六一年に同書を編集・出版したジョン・クールソンによる *Cons.*, pp. 1-49 の詳細な解説を参照。また、以下の邦語文献も参照。岡村祥子「『教義に関して信徒に聞く』覚え書」、『J・H・ニューマンの現代性を探る』岡村祥子・川中なほ子編、南窓社、二〇〇五年所収、180―203頁、川中なほ子「『教義に関して信徒に聞く』禁書の背景」、川中なほ子『J・H・ニューマン研究』所収、316―321頁。

(49) *Cons.*, p. 54.

(50) *Cons.*, p. 75f.

(51) *Cons.*, p. 63.

(52) ニューマンにおける "faithful" と "lay person" の区別につき、I. Ker, The Church as communion, in: *The Cambridge Companion to John Henry Newman*, pp. 137-155 を参照。

(53) J. H. Newman, *Apologia pro Vita Sua. Being a History of His Religious Opinions*, Oxford 1967 (*Apo.*).

(54) Aurelius Augustinus, *Contra Epist. Parmen.*, 3.24 (PL 43, 101): "Quapropter securus judicat orbis terrarum, bonos non esse qui se dividunt ab orbe terrarum, in quacumque parte orbis terrarum."

(55) *Apo.*, p. 110.

(56) *Apo.*, p. 226.

(57) 教会憲章12・1項。

(58) *Cons.*, p. 63.

(59) 教会憲章25・3項。

上智大学神学部六十年の歩みと今後の期待

百瀬　文晃

川中仁学部長から神学部六十周年祝いの講演の依頼を受けたとき、戸惑いました。というのも、私は上智大学を離れてから十八年にもなるし、それもはじめはマニラで六年間教職、続いて十二年間は山口県で教会の仕事に従事して、上智大学の最近の事情にまったく通じていないからです。それでも、神学部は私の人生にとって中心的なライフワークだったし、神学と神学部への関心は今も心の中に大きな部分を占めておりますから、学部創設の六十周年にお招きを受けたことを光栄に思ってお受けすることにしました。まずは、大学と神学部のスタッフの皆様、在学生、卒業生を始め、かかわりあるすべての皆様に心からお喜び申しあげます。おめでとうございます。

1　神学教育と神学部の始まり

①神学と神学教育の歩み

およそ神学というものは、スコラ神学の父アンセルムスが、「信仰は理解を求める」と言ったように、キリスト教信仰が福音に基づいて正しく成長し、信仰者が相互に一致を保つため、そして信仰を他の人々に伝えるために、信仰を内省し、理解し、言語化する営みを言います。

まず、イエス・キリストの福音が弟子たちによって世界にもたらされたとき、背景となるユダヤ世界の伝統はヘレニズム世界の言葉と思想によって理解しなおされ、表現されなければなりませんでした。その代表的な人物は、使徒パウロでしょう。彼は生前のイエスの直弟子ではありませんでしたが、回心の後、ペトロを始めイエスの直弟子たちからイエスの教えとその救いのわざについて詳しく学び、これを当時の世界に伝えました。彼はユダヤ教の最高の教育を受けた人物であり、旧約聖書とユダヤ教の伝統に精通していただけでなく、ヘレニズム都市に生まれ、世界の文化に通じ、ギリシア語を母語としていたため、イエスの福音をだれよりも適切に表現し、伝えることができました。

また、古代においてキリスト教の教会が世界各地に伝えられ、成長していったときに、使徒たちから受け継いだ正しい信仰を誤謬から守り、教会の一致を保つために、ギリシア哲学の論理と概念を借りて福音が理解され、表現され、教義が形成されるようになりました。教父たちの活躍によって、ニケア公会議（三二五年）、コンスタンティノポリス公会議（三八一年）、エフェソ公会議（四三一年）、カルケドン公会議（四五一年）などで公布された教義は、その典型的な例です。

近代になって、キリスト教がそれまで知られていなかった「新世界」の国々に伝えられたとき、異なる文化と宗教の伝統に出会い、キリスト教信仰が人々の理解できる新しい形で伝えられる必要が生じました。近代の哲学、社会学、自然科学などのすぐれた研究成果を取りいれつつ、イエス・キリストの福音をどのように同世代の人々に納得いく形で伝えることができるか、これは現代に至るまで、キリスト教の教会が課題として取り組んでいることでもあります。これらの営みこそ、「神学」と呼ばれるものにほかなりません。

この意味で神学は、司祭や修道者を始め、福音宣教にたずさわる人々の養成のために、当初から不可欠なものとされました。初めは教会や修道院の付属学校で神学が学習されていましたが、中世に大学が生まれたときには、神学は真理の探求である諸学問の基礎としての役割を果たすようになりました。十三世紀には、トマス・アクイナスやボナヴェントゥラなどの活躍により、大学におけるスコラ神学と哲学は全盛期を迎えました。

日本でもキリシタン時代には、幕府による厳しいキリシタン禁制がしかれるまでは、司祭の養成のためにセミナリヨやコレジヨが創設されて、神学の学びがなされていました。明治以降キリスト教の再宣教の時代にも、東京や長崎で神学校が作られ、邦人司祭の養成がなされました。

②上智大学神学部の創設

東京・関町の東京カトリック神学院（一九三二年創立）は、戦後、イエズス会に委託され（一九四七—七〇年）、神学院と道をはさんで隣接するイエズス会神学院の新設（一九五四年）とともに、神学の教授たちと学生たちの居住と勉学の中心地になりました。一九五八年、上智大学に神学部が創設されたときは、関町と上石神井の土地と建物は大学との貸借契約によって、石神井キャンパスとして登記されました。

その翌年、私は十八歳で上智大学に入学しました。しかし、私が入学したのは神学部ではなく、文学部哲学科でした。多分に自分の個人的な思い出を語ることをお許しください。

上述のとおり、神学は司祭や修道者の養成と不可分の関係にあるのですが、司祭の養成課程は全世界のカトリック教会で、教皇庁の教育省のもとで、共通の教科と年限が定められています。これは、国の政府（日本では文部科学省）の認可による大学の制度上の勉学課程とは異なります。教会法上は、司祭の養成のために哲学二年と神学四年、そこで修めるべき科目数等が定められていますが、これをどのように大学の制度と学位規定に適合させるかは、その地の司教団、あるいは修道会の方針にかかっています。

六十年前の日本では、教区司祭の志願者とイエズス会を始めとする幾つかの修道会の志願者は、まず哲学科に入学するのが普通でした。哲学科では一般の哲学科生とは別に、何と一学年に五十人もの司祭志願者たちが、「ラ哲」と呼ばれる二クラスに入れられ、二年間の教養課程でラテン語の二十四単位を履修しなければなりませんでした。その頃の教会ではラテン語が共用語で、ミサも聖務日課もラテン語でしたし、ラテン語は司祭職への召命の試金石のように考えられていました。

十八歳の私はイエズス会の志願者として、まず哲学科に入学し、始めの二年はラテン語と一般教養科目を履修させられました。月曜から土曜まで毎朝、1・2時間目はラテン語の授業で、亡くなられたエセイサバレナ神父さまを始め、主としてスペイン人の教授たちが厳しくラテン語を教えてくださったのですが、宿題が毎日たくさん出ました。私はテニス部に入っていたため、毎日の練習で忙しく、夜は疲れて眠く、宿題ができず、授業中は先生が次から次にあてて答えさせるあいだ、頭を伏せて、機関銃のような質問の嵐が過ぎるのを耐えていました。二学期になって、指導司祭に呼ばれ、「あなたは司祭になりたいのですか、テニスの選手になりたいのですか」と聞かれ、泣く泣く、テニス部を退部しなければなりませんでした。

当時のイエズス会の養成では、二年間のラテン語と教養課程が終わると休学して、修練院で三年を過ごし、それから哲学科の三年次に復学しました。三年間のブランクの間に、同級生たちは哲学を勉強し、神学部に編入学して神学を勉強しました。神学部に、司祭や修道者の志願者以外の一般学生が入学してくるようになったのは、一九七〇年代後半になってからです。

2　第二ヴァティカン公会議による転機

ちょうど地下の岩盤がずれこんで地殻変動が起こるように、一九六〇年代の世界各地で起こった学生紛争も、激変する時代の流れの一つの現象でしょう。機を同じくして、一九六二―六五年、カトリック教会の刷新運動である第二ヴァティカン公会議が開かれ、神学も司祭養成も大きな転機を迎えました。とくに司祭養成においては、時代への適用（アジョルナメント）の標語のもとに、勉学課程のみならず、規律と生活様式が一変しました。たとえばイエズス会の神学院では、それまで全員がスータン（僧衣）を着て、毎日の一律に定められた日課に従って生活していたのですが、そのような縛りが一挙に廃止され、神学生が自主的に生活を律するようになると同時に、その新しい動きについていけない人々にはさまざまな面で動揺をきたしました。

私自身は、哲学科を卒業したあと、神学の勉強のためにドイツに送られたので、神学部に帰ってきたのは一九七一年、ドイツで神学課程を終え、司祭に叙階されたあとでした。日本でも日本語のミサが普及し、高田三郎先生や土屋吉正神父などによって典礼聖歌が作曲されはじめた頃です。

私は一年間、上智大学神学部で非常勤講師としてキリスト論の特殊問題のゼミを担当し、その後ドイツでの博士課程を終えて、一九七七年からは専任講師になって、新入生のための基礎科目や教義学「キリスト論」を担当しました。

さいわいに、公会議後のドイツでは、カール・ラーナーやヴァルター・カスパーを始め、多くのすぐれた神学者のもとで学ぶ機会が与えられましたが、日本に帰ってくると、むしろ危険思想をもちこむ人間として、白い目でみられました。担当することになったキリスト論の講義では、私が習ったドイツの神学者たちのいわゆる「下からのキリスト論」を紹介し、一九八六年には『イエス・キリストを学ぶ――下からのキリスト論』を刊行したところ、神学部の教授たちからだけでなく、日本のさまざまな方面から厳しい批判が出て、ヴァティカンの教理省に訴えられ、その年の暮れにはローマでイエズス会総長代行補佐をなさっていたピタウ上智大学元学長・管区長に呼ばれ、弁明書を書かされました。しかし、白柳枢機卿（当時は大司教）と日本の司教団が私を支持してくださり、神学部の教授たちの中でも日本人の山本神父、土屋神父を始め、先輩や友人たちが私を励ましてくださって、何とか神学部のスタッフとして続けることができました。

公会議後の変化の時代には、さまざまな面で危機と試練だけでなく、刷新の機会ももたらされました。その幾つかをひろってみましょう。

①神学教育における変動

過渡期にあって神学部が直面した問題の一つは、神学部教授陣と神学生たちとの間の対立でした。一九六〇年代、神学部教授陣はほとんど外国人のイエズス会員で、石神井キャンパス内にあるイエズス会神学院に居住していました。今は天国に召された大先輩たちを酷評するのは申しわけないことですが、当時の教授たちは、一九六〇年代にはまだトマス・アクイナスを中心とする古典的な神学を、ラテン語の教材をもって教えていました。外国からきた神学生たちはラテン語もよくできたし、自分たちの国の書籍を用いることができましたが、それができない少数派の日本人神学生はなかなかついていけませんでした。初めてそのジンクスを変え、首席で神学を終えたのは、後に日本人で初めて神学部長になる山本襄治神父でした。

公会議を機に、伝統的な神学を専門としていた教授たちが自信を喪失したのに対して、まず新しい神学の動きを貪欲なまでに摂取したのは、外国から送られてきた神学生たちでした。神学生の中には、後に神学教授になり、さらにイエズス会の総長に選出されたニコラス神父もいました。

ちなみに、現在も刊行が続けられている『神学ダイジェスト』という雑誌は、一九六〇年代に、欧米の雑誌に紹介される新しい神学の動きを日本に紹介するために、神学生たちが中心になって記事を選び、翻訳し、刊行することによってできたものです。この雑誌は、神学部で教えられていた古い神学に対抗する形で始まった、ということができます。

神学部教授たちは古典的な神学を専門的に学んだ人々で、来日して以来、自分たちの本国の変化にも通じていませんでした。ただ神学の内容だけでなく、神学校や修道院の生活様式などについても、公会議後の変化をすぐには受け入れられませんでした。そこから、教授たちと学生たちとの間に対立が生じたのは当然でした。

私は帰国してからは、イエズス会神学院に起居していましたが、そこでは教授たちとイエズス会の神学生たちとの間に大変な軋轢がありました。その反目は、勉学だけでなく、生活のあらゆる面に重い足かせとなり、双方にとって苦しい試練の時となりました。一九八〇年代にはイエズス会神学院は、同じ建物の中に幾つかの独立した小共同体を作り、教授たちと神学生たちとは別々に生活するようになり、さらに二〇〇〇年代には独自の神学院を鷺宮に新設して、神学生たちは石神井を離れることになりました。

東京カトリック神学院の方も、司教団と養成にかかわる人々の間で、神学部教授たちの神学の方法論も内容もあまりに抽象的で、教区司祭の養成にとって適切でないと判断されました。長いあいだの紆余曲折を経て、一九九〇年代には東京カトリック神学院は学生を上智に送らず、独自の教授陣を集めて、独立した教育課程（cursus proprius）を営むことになりました。

②キャンパスの四谷移転とカリキュラム改革

このことは、上智大学神学部にとっては、新しくカリキュラムを改革する機会となりました。司祭課程とは違うキリスト教課程を充実させる方向へ、カリキュラムの内容も教員人事も刷新を迫られることになったからです。また、カトリック神学院の独立によって、その教室を使っていた神学の講義は四谷キャンパスに移ることを余儀なくされました。石神井キャンパスはしだいに四谷キャンパスに統合されるようになりました。これは、神学の講義を他学部の学生にも履修させる機会となり、また神学部教授陣が新約聖書概論、旧約聖書概論、キリスト教概論、キリスト教史等、他学部学生のための一般教育科目をより多く提供する機会にもなりました。

神学部の四谷移転は、すでに一九七〇年代に論じられていたのですが、問題の一つとなったのは、図書館でした。神学部の石神井キャンパスに設置された図書館は、神学の蔵書としては日本一を誇る内容をもつものですが、書籍の大半はイエズス会神学院と東京カトリック神学院とが司祭養成のために長い年月をかけて収集し保存してきたものであり、これを大学に譲渡する交渉は難行しました。しかし、内外のキリスト教関係の研究者たちのためには、大学の中央図書館に統合した方が有意義な使い方ができることには異論の余地はありません。

また、公会議後の動きに応じた司祭課程のカリキュラムの改革はもとより、司祭や修道会の志願者以外の一般学生が神学部に応募してくる数の増加にともなって、当然のことながら一般学生のためのカリキュラムの改正が必要になりました。必修だったラテン語を選択必修の外国語の一つにすること。とくにカトリック学校で教員となる学生のために、社会倫理、生命倫理、教育法や司牧カウンセリングなど、より実践的な諸科目を増設すること。司祭課程では教会法上の資格のために要求される科目を履修するには、大学四年間では無理で、最低五年かかったのですが、一般学生が四年で卒業できるように、卒業に必要な履修科目数を減らさなければなりません。神学部学生として最低限履修しておくべき必修科目を精選し、他は卒業後の進路に役立つような科目を選択科目として増設しました。しかし、大学の制度の中では、教員数や開講科目数の制限（履修する学生数が十分でなければ翌年は廃講とする）など、もともと学生数の少ない神学部では困難でした。

また、カリキュラム改革には、教員の個人的な問題も付き物です。教員たちの間では、これまで専門としてきた教科への思いいれも、新しい変化への適応能力や自信も、それぞれ異なります。会議を重ね、妥協を重ね、忍耐をもって少しずつ変えていく以外に道はありませんでした。

③神学を学ぶ学生たちの変化

さらに、神学部の転機の中で大きな部分を占めるようになったのは、一般学生への司牧的な配慮でした。神学院や修道会から通ってくる司祭志願者や修道者たちは、それぞれの母体が養成に責任をもって学生たちの生活指導をしていて、神学部が責任をもつのは勉学面に限られていました。しかし、それ以外の学生がさまざまな動機で神学部に入学してくると、学部は彼らの日常生活や精神面での配慮も必要となりました。

まず神学という日本では知られていない学科の性格上、入学試験で明確な動機をもっていない学生を受けいれると、早晩トラブルを起こすことになります。そのため、できるかぎりカトリック信徒の学生、それも将来は教員になるとか、福祉関係で働くとか、はっきりした動機をもって神学を学びたいと考えている学生を取りたいものです。しかし、一九八〇年代には、日本の大学の入試制度では公正な合格基準が強調されるあまり、動機よりも入試の成績が重んじられました。そこで、教員の間では、少なくとも二次試験の英文和訳のテストで、カトリック信徒なら幼少のときから知っているような特殊用語の出る文章を選んで出題したり（たとえば英語の Sacrament は、日本のカトリック教会では「秘跡」と訳していますが、これなどはカトリック外の学生にはわかりません）、また論文テストを課して、カトリック信徒でなければ正しく書けないような問題を出すなどをして苦労したのですが、すぐ予備校などの傾向と対策で見破られました。

一例をあげると、一九八〇年の入試では、定員二十五名でしたが、一年次に入学させたのはわずか七名（修道者が二名、一般学生が五名）、二年次もしくは三年次への編入学が十一名というように、変則的な入学状況でした。

入学した学生には、他の学部にもまして気をつかうのは、神学という学問がどのようなものかを説明し、勉学の動機を見失わないように指導することです。とくに地方のミッションスクールなどから大学に進んできた新入生は、カルト宗教の勧誘の的となりました。せっかくカトリック大学に入学してきたのに、さまざまなカルト集団がたくみな戦術を使って、孤独の若者を釣り上げていき、心配した保護者から電話が入ることもありました。

そのために、オリエンテーション・キャンプの後も、さまざまな機会を設けて、学生たちの互いの交流の場や、勉強の内容や仕方を振り返るのを助けることにしました。私は子どもの時からテニスに親しんでいましたから、土曜の午後は石神井のイエズス会神学院のコートを借りて、一般学生のためにテニス・スクールを開きました（「ももちゃんテニス」）。このグループは、夏休みには日光かつらぎ館に泊まってテニス合宿もやりました。

冬には神学部の一般学生のための合宿をし、やはり日光かつらぎ館に泊まって、勉強や生活などの振り返りをし、スキーもやりました。これは学生たちにとっても教員にとっても楽しい思い出となりました。

一般学生たちの経済的な問題もありました。神学という学問の性格上、企業などのスポンサーを見つけるのは難しく、カトリック教会内の篤志家に呼びかけて、困窮している学生には学費のみならず生活費のために奨学金を支給する仕組みを作りました。これは『ペドロ・アルペ奨学金』として、今日も続いています。

④人間学研究室との合併

さて、以上のような動きはさらに進んで、二〇〇九年に神学部は人間学研究室と合併することになり、二〇一九年は新神学部十周年となりました。合併の話はすでに一九九〇年代から論じられ、賛否両論ありました。もともと人間学研究室は体育研究室と並んで、全学共通の必修科目である人間学を担当していました。それは、上智大学の教育理念であるキリスト教的人間理解をすべての学生に学ばせることを目的としていました。内容的には、神学部の一般学生に宛てた諸科目と共通するところが多く、合併は双方の強化につながり、大学の理念の遂行に寄与するものです。ただ、その際に懸念されることは、神学部の原点であった「神学」という学問の専門性がおろそかにされないか、ということでした。これは、これからも一つの課題として忘れてはならないことでしょう。

新しい神学部は、今年で十周年を迎え、一学年の定員が四十名となり、二〇一九年度に入学したのは、女子三十五名、男子六名の計四十一名、学部生の総数は学部生二百十五名（司祭課程九名、修道女八名、一般男子六十七名、一般女子百三十一名）、博士前期二十名、博士後期五名で、教員スタッフもカリキュラムも新しいニーズに応えて大幅に変革され、神学系、キリスト教倫理系、キリスト教文化系、宣教実務系と、多様なプログラムが提供されているとうかがっています。

3　神学部の社会的な役割

①カトリック教会への奉仕

以上に、主として大学における一学部としての神学部の歩みを見てきましたが、もう一つ、神学部にはその学問の特殊な性格から、カトリック教会への奉仕という大切な役割があります。

神学はキリスト者の信仰生活の実践を内省し、方向づける役割をもつものですから、カトリック教会のさまざまな活動のために神学的な助言者が求められるのは当然です。とくに第二ヴァティカン公会議後の多岐にわたる刷新運動の中で、上智大学神学部の教員はただ大学の中の活動にとどまらず、カトリック教会の諸委員会のメンバーとして奉仕することが求められます。なかでも典礼の刷新、公教要理の改定、他教派との対話（エキュメニズム）、諸宗教との対話、法規にかかわる諸問題や教育、倫理、社会教説の分野で期待される役割は、ときには時間的にも体力的にも神学部教員の負担となります。もちろん教会の奉仕のために自分の専門知識を生かせることは大きな喜びですが、大学教員として大学から給与をいただく教員には、何を自分の仕事の優先課題とすべきなのか、ヂレンマに陥ることも稀ではありません。これは神学という学問の本質に由来するものであって、昔も今も変わらないのではないでしょうか。

②社会人教育

また、神学部の創設に先だって、一九四九年から、ロゲンドルフ神父やハイドリヒ神父を中心に、修道者たちやカトリック学校の教員の養成のために、夜間の神学講座や夏期神学講習会などが開設されました。これは、やがて大学の公開学習センターの組織に組み込まれて現在にいたっています。神学部教員にとっては、正規の講義と学生指導に加えて講義をもつことになるため、大きな負担になるものの、カトリック教会の信徒養成にとっては大切な役割を果たしています。

③日本カトリック神学会

さらに、日本における学問としての神学研究の促進が大切なことは言うまでもありません。上智大学神学部では毎年「上智大学神学会」を開き、学術雑誌『カトリック神学』（後に『カトリック研究』と改名）を刊行していました。日本の教会にとって神学の重要性が強調されるにつれ、より広く全国の神学研究者の間で互いの連絡と協力をはかり、神学研究を促進するために、南山大学、アントニオ神学院、英知大学、サン・スルピス大神学院にも呼びかけ、「日本カトリック神学会」を発足させることになり、一九八九年に第一回学術大会と設立総会を開きました。今年はこの学会の創設三十周年にあたります。現在では会員は全国から二百二十名を越え、毎年、賛助校を中心に学術大会を開き、『日本カトリック神学会誌』を刊行しているのは嬉しいことです。

④新カトリック大事典

『新カトリック大事典』編纂の企画についても言及しておかなければなりません。一九七九年、神学部のネメシェギ教授を編集長として編纂委員会が結成されたものの、執筆者が集まらずに難航し、一九九一年、編集長が替わって、英文学科に所属していた神学者の高柳俊一教授が就任し、精力的に編纂の仕事を進め、一九九六年には第1巻が刊行され、二〇〇九年に第4巻をもって完結しました。第二ヴァティカン公会議以後の日本のカトリック教会にとって、一つの大きな金字塔と言ってよいでしょう。そのために国内外の神学者たちが執筆に協力しました。

これらは、神学部教員にとっては欠かせないカトリック教会への奉仕の例ですが、それぞれ能力的にも体力的にも限界があり、決して十分に果たしきれていないのが現状でしょう。

4　将来の神学部への期待

最後に、これからの神学部への期待を一言述べさせていただきたいと思います。

根本的には、それは「神学」とは何かという問いに尽きると思います。神学は究極的には、イエス・キリストはだれなのか、その福音は何を呼びかけているか、私たち人間とは何か、どのように生きるべきか、これを追求する営みです。

①上智大学の建学の理念

まず第一に、大学の一学部として果たすべき役割です。上智大学は、日本ではカトリック神学部を有する唯一の大学です。たとえ日本の社会では「神学」の意義が十分に理解されず、学生数において弱小学部であるとしても、上智大学の建学の理念にかかわる学部であることを忘れてはなりません。かつてフランシスコ・ザビエルが日本に大学を望んだときも、およそ人間の求めてやまない究極の真理と生きる道の光を探求し、これに従う人々を育成する教育機関が必要であることを確信していました。これは神学という学問の本質と軌を同じくするものです。この意味で、神学部は上智大学の建学の理念を顕示し、大学のすべての研究と教育の営みを牽引する役割をもっています。

②カトリック教会の宣教と司牧の方向づけ

同時に、神学部は一つの大学の枠を越えて、日本のカトリック教会のために、その宣教と司牧を方向づける使命を担っており、これは上智大学がその研究と教育の活動を通じて担っているカトリック教会のための役割でもあります。現代世界における多様な価値観、科学と技術の急速な進歩による人間理解、世界大の経済機構に支配される社会生活の中で、不変の真理を追求し、人々の眼をそれに向けさせること、それは世の光、地の塩としての教会それ自体の使命でもあります。

神学部と上智大学の運営にかかわるすべての方々、教職員と在学生、卒業生の皆さまには、この神学部の担う尊い使命を改めて自覚し、より一層の情熱をこめて、その使命の遂行のために邁進していただきたいと思います。確かに時代の風潮は私たちの理想に逆行し、人的、物質的資源にも乏しく、私たちは荒波にただよう小舟のように感じられることもしばしばあるでしょう。神学を研究し、また若者たちに神学への眼差しを教えようとする者は、しばしば疲れと失望に襲われるかもしれません。しかし、どのような時にも、どのような状況にも、その尊い使命のために自分の生涯を捧げる喜びと希望を失わないでいただきたいと切に願います。神学をただ学問として、教科として、抽象的に営むのではなく、真に生きるための光として、現代社会の中で混乱と悩みの中にある人々に生き方を示す光として、取り組んでいただきたいと思います。上智大学神学部で営まれる神学が、そのようなものでありますように。神学を学ぶ学生たちが誇りと喜びをもって勉学に従事しますように。

神学を営む究極の動機は、イエス・キリストへの信仰にほかなりません。使徒パウロがコリントの信徒への手紙で書いているように、「キリストの愛が私たちを駆り立てて」いるからです（Ⅱコリ5・14）。

第Ⅱ部　教会や世界への広がり

カトリック教会と神社参拝問題――『エクス・イルラ・ディエ』対『マクシムム・イルド』

三好　千春

はじめに

ここでお話しするのは、一九三〇年代半ばに日本カトリック教会が神社参拝容認へと転換したことを、神社宗教論から神社非宗教論への転換という視点、および、カトリック教会における現地文化適応に関する姿勢の変化という観点から考えてみよう、という試みです。

そして、現地文化への姿勢の変化を考えるにあたっては、『エクス・イルラ・ディエ』(この日から)と『マクシムム・イルド』(あの重要な)という二つの教皇文書を、その背景として取り上げます。それは、この二文書が象徴する現地文化への姿勢の違いのせめぎ合いが、あの神社参拝容認の背後にあったと考えるからです。

1　日本政府と神社

「国家ノ宗祀」としての神社――神社非宗教論

一八七一年五月、明治政府は「太政官布告第二三四」を出し、「神社ハ国家ノ宗祀（そうし）」と規定しました。この時は、まだ「宗教」という訳語も確定しておらず、政府は西洋から新たに入って来たreligionという観念を規定しようと苦闘している最中でした。

しかし、明治十年代に入り「宗教」という訳語が定着していくのと期を同じくして、宗教とは仏教とキリスト教を指すものであって、神社は宗教に入らないという考えが主流になっていきました。いわゆる、神社非宗教論です。そして、それに基づく宗教政策が行われるようになりました。例えば、神社とその神職は、葬儀のような「宗教」行為に関わってはならない、という一八八二年の内務省の通達がそれにあたります。

また、明治政府は、一八八九年に発布された大日本帝国憲法の第二八条で、「安寧秩序ヲ妨ケス及臣民タルノ義務ニ背カサル限ニ於テ」と、信教の自由を条件つきながらも保障しました。

この信教の自由の保障は、個々人が、キリスト教や仏教、あるいは天理教や黒住教といった教派神道のような「宗教」を信じる自由を（条件付きながら）認めたということです。つまり、宗教を公的な事柄ではなく私事の領域にとどめ、私的領域においてどんな宗教を信じても、安寧秩序を乱さず臣民の義務を守るなら政府は介入しないことを保障したものといえます。

それでは、「国家ノ宗祀」とされ、宗教ではないとされた神社は、どうなるのでしょうか。

一九〇〇年、それまでの内務省社寺局が、宗教局と神社局に分かれました。この措置の直接的動機は、従来の社寺局の体制では、増え続ける神社と宗教両方の事務・行政に対応できなくなったこと、キリスト教を「公許」したことで従来の社寺局を改称する必要があったこと、などでした。と同時に、神社局の新設は、神社側からの運動の成果でもありました。この頃の政府は神社と国家の関係を断つ方向に動いており、神社側はそれを覆すための運動を展開していたからです。

明治政府は、明治初期に神仏分離政策をはじめ、近代的な神社制度を作っていきましたが、その一つに、一八七一年の社格制度の設置があります。政府は、全国に十九万社以上あった神社に社格を設けて、官社（官国幣社）とそれ以外の諸社に神社を分けました。その上で、政府は、全体の〇・一パーセントほどしか占めない官社、および靖国神社のような別格官幣社、特別扱いで社格外とされた伊勢神宮などにのみ、国費を支給することとしました。

ところが、政府は一八八七年に、伊勢神宮を除く、官社を含めたすべての神社を国家から切断しようと、官社に対して「独立自営」を求める政策に方向転換しました。これに対して神社界は猛反発し、全国組織を立ち上げて、神祇官再興を旗印とする神祇官設置運動を始めたのです。

一九〇〇年の神社局設置は、この運動の成果でした。そして、一九〇六年には、神社界は政府の官社に対する「独立自営」政策の転換にも成功しました。官社への国庫支出は国が永遠になすべきこととして法制化され、さらには、官社以外の一部の神社にも神饌幣帛料を供進する制度が作られました。こうして、神社と国家の関係は切断の方向から、逆に強化の方向へと転換し、二十世紀に入ると、神社は「国家ノ宗祀」として、その地位を徐々に高めはじめました。

それが決定的になったのが、一九一三年に出された「官国幣社以下神社神職奉務規則」（内務省訓令第九号）でした。これによって、伊勢神宮や官社だけでなく、日本国内にあるすべての神社が「国家ノ宗祀」として国家から認められたからです。

また、同年、内務省宗教局が文部省に移管されました。こうして、神社行政は内務省が、宗教行政は文部省が行う形が整備されました。これは、政府の神社行政が神社非宗教論に基づくものであることを明確に示す措置でもありました。

しかし、日本社会では、世紀の変わり目頃から、神社非宗教論に疑問が呈されるようになっていました。それは宗教学という学問の登場によって、宗教概念が変容したことと関係があります。山口輝臣によれば、宗教学者たちは、宗教は「個人の内面における信仰を核として」こそ理解できるのだと主張し、次第に、神社への心情もまた信仰であり、神社も宗教ではないかという考えが人々の間に拡がっていったのです（小倉慈司・山口輝臣『天皇の歴史09　天皇と宗教』講談社、二〇一一年、298頁）。

こうして、神社が「国家ノ宗祀」として確立されていく一方で、それを支える神社非宗教論には疑問が投げかけられていました。それは、後述するような、政府が神社を通して「敬神崇祖」を国民に注入しようとする時、問題となります。

神社中心主義

日露戦争の後、地域社会や人々の生活の様々な活動と神社を密接に結びつけていこうとする「神社中心主義」が形成され、本格的に推し進められはじめました。

「神社中心主義」とは、「神社は我が国体と表裏一体」という考えに基づき、神社を中心にして「敬神崇祖ノ念ヲ旺盛ナラシムルコト」によって、「国家観念ヲ養成」しようとするものです（岩本通弥「可視化される習俗——民力涵養運動期における『国民儀礼』の創出」『国立歴史民俗博物館研究報告』第一四一集、二〇〇八年、279頁）。

特に、一九一一年から、「国民道徳の涵養」と合わせて神社への崇敬の重要性が強調されるようになり、その具体的な手段として、文部省は学校長や教師に、児童・生徒を地元神社に参拝させるよう指導を強化していきました。

昭和期に入ると、神社参拝は学校教育において重要事項となり、学校では、祈年祭（きねん）、新嘗祭（にいなめ）、例祭、そして入学・卒業式の際に神社参拝を行うようになりました。また、折に触れて生徒たちが神社清掃を行うことが通例となり、清掃後の神社参拝も定着していきます（山本信良・今野敏彦『大正・昭和教育の天皇制イデオロギー［I］ 学校行事の宗教的性格』新泉社、一九七六年、282—286頁）。

それだけではありません。学校教育活動以外にも、地方行政やそれに関係する町村民の政治、経済、軍事といった種々の活動においても、神社で行われる祭典や儀式が結びつくようになりました。例を挙げれば、「自治奉告祭の実施、軍隊の入退営の奉告祭の施行、神社境内での農産物品評会開催」といった類の活動です。それはまた、町村民の日常生活が神社と結びつけられていく過程でもあり、町村民誰もがこぞって神社参拝を行うことが当然視されていくことでもありました（赤澤史朗『近代日本の思想動員と宗教統制』校倉書房、一九八五年、53頁）。

一方、参拝される側の神社、特に、各地方の諸社、いわゆる村の鎮守のような神社の神職たちは、すべての神社が「国家ノ宗祀」であると政府が宣言し、神社の公的性格が明確にされたことによって、強烈な国家的自覚を抱くようになりました。

そして、こうした動きの中で、神社と天皇は深く結合していきました。もともと約十九万社あった神社の中には、天皇と関係のない神社も数多くありました。特に村の鎮守などは、天皇とは縁もゆかりもないのが普通でした。しかし、天皇家の祖である天照大神を祀る伊勢神宮も神社であり、村の鎮守も神社であること、全神社が「国家ノ宗祀」であるとされたことなどから、全国にあるすべての神社が、天皇と深い関係を持つと考えられはじめました。そして、先に述べたように、人びとの日常生活が神社と深く結びつけられ、地域における国家儀礼の行われる場として神社が位置づけられていくにつれ、ますますそうみなされるようになっていったのです。

「敬神崇祖」の注入と神社中心主義・神社非宗教論

このような「神社中心主義」の動きがあった時期は、第一次世界大戦、そしてロシア革命が起こった時期でもありました。

第一次世界大戦によって日本経済は好景気が続き、国内産業がめざましく発展して、工場労働者が激増しましたが、それとともに賃金増額要求を中心とする労働運動も急激に発展しました。一方同じ頃、農村部では小作人組合による農民運動が盛りあがっていました。

また、ロシア革命を契機に、大逆事件以後「冬の時代」を迎えていた社会主義思想が活気を取り戻していきます。そして、一九一八年に富山で米騒動が起こり、全国に波及しました。

政府は、このような状況を危機と捉えました。さらに、社会主義思想の盛りあがりや、大正天皇が病のために国民から見えない存在となり、臣民たる国民と天皇の間が疎遠となっていることなどを「思想国難」と呼んで対処しようとします。それが、一九二〇年代、民力涵養運動のもとで、より大規模に展開された神社中心主義による、国民への「敬神崇祖」（神を敬い、祖先崇拝する）精神の注入でした。

政府は、まず「国民の生活を左右する道徳は古来から敬神崇祖を根本」としており、この「古来より一貫した敬神崇祖の思想の流れが具体的に表現されてゐるものが神社」であると主張しました。そして、このように神社と国民道徳は切っても切れない関係にあり、「国民道徳はその根本的の思想的根拠を神社に置いてゐる」として、「敬神崇祖」の精神を神社を通して国民に注入しようとしたのです。これにより、ますます国民が神社に参拝することは当然とされ、参拝強制も許容されるようになりました（松本学「神社に就て」『神社協会雑誌』第二五年三号、一九二六年三月。孝本貢「『思想国難』と神社――大正期を中心にして」『日本における国家と宗教』大蔵出版、一九七八年、331頁より再引用）。

こうした行為は、神社が「国家ノ宗祀」であって宗教ではなく、公的なものに属しているとされているからこそ可能なことです。しかし、ここで問題が生じました。というのは、神社を通して国民に注入しようとしている「敬神」とは、まさに「神」を敬うという宗教行為ではないのか、宗教性を帯びた「敬神」を表現する場としての神社は宗教ではないのか、という疑問が生じたからです。先に触れたように、神社は宗教ではないのかという疑問は既に神社に対して投げかけられており、政府が神社に内在している宗教性を無視する形で、神社を通して「敬神崇祖」の注入を行おうとすればするほど、政府が主張する神社非宗教論への疑問が噴出することになりました。

実際、伊勢神宮の大麻の各家庭への普及や、神社崇敬・参拝の当然視や強制に対し、プロテスタント教会や浄土真宗を中心とする仏教界から強い反発、抵抗が起こりました。当時の神社界は、この動きを「神社倫理化運動」と呼んでいます。

その「神社倫理化運動」において、プロテスタント教会や仏教が利用したのが、政府が主張する神社非宗教論でした。実際には、神社は神霊という宗教的存在を抜きには成立せず、戦勝祈願のように「神」への祈願を行うことも欠かせません。しかし、政府の神社非宗教論は神社が持つそのような宗教性を無視しており、無理がありました。

そこで、プロテスタント教会や仏教は、政府の主張を逆手にとり、神社が宗教ではないというのなら、その通り、神社から完全に宗教性を払拭せよと要求したのです。神社から完全に宗教性がなくなり、ただの記念碑的な存在になるなら参拝も可能という論理でした。この論理に対し、政府は説得力のある返答ができず、受け身の対応に終始しました。そのため、神社界は強い危機意識を抱き、この後、積極的に神祇官復興運動（特別官衙(かんだ)設立運動）を展開していくことになります（前掲　孝本貢「『思想国難』と神社――大正期を中心にして」、321―325頁）。

2　カトリック教会と神社参拝

キリスト教や仏教による神社参拝強制への抵抗の論理が、神社非宗教論に基づくものであった中で、ひとりカトリック教会だけは、異なる論理で神社参拝問題に対応していました。カトリック教会は、神社は宗教であるという、神社宗教論を土台として神社参拝に抵抗したのです。

では、カトリック教会の反対の論理と態度を、一九一六年にジャン・クロード・コンバス長崎司教が長崎の信者に向けて発表した *"Les Jinja"* を中心にしながら具体的に見てみましょう。

"Les Jinja" はフランス語で出されましたが、その翻訳が「神社参拝に就いて」と題されて一九一六年十一月発行の『公教会月報』に、また「長崎司教の神社参拝意見」として同年十二月発行の『声』にそれぞれ掲載され、全国で読まれました。また、当時の日本カトリック教会の信者の約七割が長崎教区民であったことを考えると、コンバス司教の文書は日本の教会の公式見解とみなすことができ、重要な文書と言えます。（以下、*"Les Jinja"* を「神社参拝に就いて」と表記。）

カトリック教会の神社参拝拒否の論理

（1）信教の自由

カトリック教会による神社参拝に対する抵抗の論理の一つは、「大日本帝国憲法」第二八条に基づくものでした。「神社参拝に就いて」はそれを、

又畏（かしこ）くも明治天皇陛下は、憲法を以て、安寧秩序を妨げず及び臣民たるの義務に背かざる限に於て、信教の自由を賜ひ、万国に非常な名誉を博せられたが、其所謂（いわゆる）安寧秩序は、神社に参拝せざるを以て破れるではなく、又良心を枉（ま）げて唯心にもない虚偽の崇敬を払っても、臣民の

義務を全うせられる訳のものでもない。

（「神社参拝に就いて」『公教会月報』第80号、19頁）

と述べています。ここでコンバス司教は、信教の自由は条件つきで保障されているが、神社参拝拒否は、憲法が信教の自由の制限条件としている「安寧秩序」を妨げるものではない、と主張していいます。つまり、カトリック教会の神社参拝拒否は、正当な信教の自由という権利の行使だと述べているのです。

同様の主張は、一九二三年の大島中学事件（後述）の際にも書かれています。そこでも、やはり

（註　カトリック信者は）これ（註　宗教機関である神社）を迷信としてその参加を肯んじないだけである。この消極的の一事が憲法第二十八条に規定されてある信教自由の制限に抵触しようとは何う考へても考へられることではない。

（甕江散史「信教自由の疑義　憲法第廿八条の保障に就いて」『声』第578号、一九二四年三月、10頁）

と、神社参拝拒否が、第二八条に規定されている「制限」、すなわち「安寧秩序」の妨害と「臣民の義務」への違反とはなりえないと主張されています。

このようにカトリック教会は、神社参拝拒否は、憲法が保障する信教の自由に含まれる行為だと理解し、神社参拝拒否の論理として第二八条を使っていました。

しかし、教会にとって、より重要で強力な参拝拒否の論理は、神社が宗教であるという点、そして

それが「迷信」である点にありました。

（2）神社宗教論

「神社参拝に就いて」は、神社宗教論を以下のように展開しています。

第一、神社は何う考へても、宗教的機関としか見做されない。（中略）参拝の二字でも立派に宗教的行為を斥して居るではないか。又『神社の目的は祖宗若くは皇室又は国家に功績ありし神祇に対して崇敬の意を致すにあり』と、明かに示されてあるが、其崇敬は宗教的ものではないか（後略）。

第二、其式は凡て延喜式に則り、祓、開扉、神饌、祝詞等に極つて、（中略）本質上宗教的崇敬に相違ない。

第三、（前略）其祭神は人間以上でないと云ひながら、現に超自然、即ち人間以上のものと見做される事は何より明白である。（中略）必竟神社に行はれる崇敬は、如何に宗教でないと云はれても、実際現に行はれる所では宗教に相違ない。（中略）全く超自然視されたるものに対する組織的崇敬で、取りも直さず宗教と云はねばならぬ、而も強制的に強いられる宗教であつて、神道と異なると云へば神社教とも名くべきものであらうか、（後略）

（前掲「神社参拝に就いて」、16―17頁）

ここでコンパス司教は、そもそも「参拝」という言葉自体が、それが宗教行為であることを示しており、「神祇に対して崇敬」ということ自体が宗教的であること、神社で行われているお祓いや祝詞といった儀式は本質的に宗教的なものであること、祭神は人間以上のものではないといいつつも、実際は人間以上のものとして扱われていること、などから、神社は宗教であると述べています。

そして、神社が宗教であれば、「最上の神は十戒の真先に『我の外汝に神あるべからず』と誡め給うたので、其事（註　神社参拝、招魂祭等への参加など）が最上の神に対して大逆の如く容易ならぬ罪に成る」として、神社参拝は聖書にある十戒の第一戒に背くことなので、神社参拝をしてはならないと信徒たちに命じています（前掲「神社参拝に就いて」、19頁）。

そもそも、当時の教会は、仏教や神道を誤った信仰とみなし、神社参拝を「迷信行為」と呼んでいました。神社は宗教であり、「迷信」であるという理解こそ、カトリック教会の神社参拝拒否を支えた論理だったのです。

では、こうした理解のもと、教会は信徒たちに神棚拝礼なども含め、神社参拝に対してどう振る舞えと教えていたのでしょうか。

厳格主義――カトリック教会の神社参拝拒否の態度

一九一〇年代から二〇年代、教員、軍人、警察官、官庁職員、生徒など、職務上もしくは立場上、神社参拝もしくは神棚への拝礼等をせざるを得ない立場に置かれたカトリック信者がどうすべきか、という質問が、『声』をはじめとするカトリック系雑誌の、現在で言えばQ＆Aコーナーに何度も寄せられていました。

そうした質問に対する教会側の答えは厳しいものでした。例えば、学校で行われる神社参拝について、どう生徒として振る舞うべきかという質問に対する答えは、

> 夫(それ)でも尚ほ、圧制を以て生徒の信仰を蹂躙せんとする校長若(も)しくは教員があるならば、決して之に屈従してはならぬ。斯(かか)る圧制は憲法に反し、真理大道に反し、随つて真正の忠君愛国にも反する事であるから、毅然として之を争ひ、之を匡正(きょうせい)するやうに力を尽さねばならぬ。
>
> （「質疑応答」『声』第470号、一九一五年一月、47頁）

です。参拝強制により相手が「信仰を蹂躙」するなら、決して屈せず、「毅然として」争い、正すように努力し抵抗せよと教えているのです。

また、仕事の一環として柔道の訓練を行う警察官による、その道場にある神棚に全員拝礼せねばならないが、してもよいかという問いに対する答えは、

> いゝえ、公教信者は如何なる場合に於ても神棚に向つて拝礼してはなりません。（中略）（註　上司に）詳しく事情を打明けて願えば屹度(きっと)聴かれませう。それでも万一聴かれないならば、甚だお気の毒ですが警察官を辞するより外に致方が無いでせう。

（「解疑」『声』第579号、一九二四年四月、52頁）

でした。職を賭してでも、「迷信」である神棚に拝礼してはならないと教えているのです。これは、神棚拝礼が神社参拝に変わっても同様でした。

そして、この厳格な教えは、特に学校生徒によって実行されました。例えば、一九二三年の奄美大島の大島中学校に通う二人の生徒が、教員が生徒全員を地元の高千穂神社に引率し参拝を行わせた際に参拝を拒み、大きな事件となっています。

また、一九二九年には、伊勢神宮「遥拝」事件が起きました。この年は伊勢神宮の式年遷宮完了の年で、文部省は各地方長官に通牒（つうちょう）を出して、十月初めに行なわれる新殿への神体遷御に際する遥拝の作法について指示を伝えていました。長崎県ではこれを受けて、県下の学校に対して遥拝を行うように指導しましたが、ジャルディーニ教皇庁使節とシャンボン東京大司教は連名で信徒に対して遥拝禁止の文書を出したため、それに従ってマリア会経営の学校は生徒たちに遥拝をさせませんでした。これが問題化したのです。

このように、カトリック教会は、あくまでも神社は宗教、しかも誤った宗教（「迷信」）であって、それに参拝することは「十戒」の第一戒に背くことだという姿勢を崩さず、厳格に信徒に対し神社参拝を禁じていました。

教皇勅書『エクス・イルラ・ディエ』――神社宗教論と神社参拝拒否の背景

「神社参拝に就いて」には、神社参拝を容認してはならないことを説く中で、中国でかつて起こった「典礼問題」とその結論に言及している個所があります。

「典礼問題」の「典礼」とは、「祭天（天を祭る儀式）・祀孔（孔子崇拝の儀礼）・崇祖（祖先崇拝の儀式）」を指します。中国で宣教したイエズス会は、「典礼」は宗教的なものではなく社会的・文化的習慣だとして、中国人信徒たちの「典礼」参加を容認していました。

ところが、後から中国宣教に来たドミニコ会がそれに疑義を呈したことから、「典礼問題」と言われる、ローマ教皇や清朝皇帝まで巻き込む長い論争が起こりました。つまるところ、「典礼問題」とは、「天」という語を、神を意味する言葉として使用してよいか、また、「典礼」に中国人信徒が参加してよいか、という問題であったといえます。

この問題への最終的答えは、一七〇四年の教皇クレメンス十一世が出した決定でした。そこで教皇は、神を表す語としては「天」「上帝」は絶対に拒否して「天主」を使うこと、「典礼」は宗教的、かつ迷信的なものなので、いかなる理由があろうとも中国人信徒がそれに関わることは許されない、としました。

さらに教皇は、一七一五年に右の内容を確認する教皇勅書『エクス・イルラ・ディエ』を発布し、今後中国とその周辺諸国に赴く宣教師には、この勅書の内容と命令を「忠実かつ十全に守る」宣誓を要求しました。この『エクス・イルラ・ディエ』の内容および宣誓要求は、一七四二年に教皇ベネディクト十四世が出した勅書『エクス・クオ・シンギュラリ』においても踏襲・再確認され、カトリック教会の宣教地での異文化対応に関する基本方針となりました。つまり、改宗者を含むすべてのカトリック信者は、異教の儀式・儀礼とみなされるものに一切参加しないという方針です。

コンバス司教の「神社参拝に就いて」も、「典礼問題」に関して教皇は、キリスト教の「布教上甚しき損害を招く事を予知しながら」、キリスト教の教義を守るために、こうした行為は「宗教的性質を帯びて、絶対的に基督（キリスト）の教旨と相容れざるものと断定」したのであり、日本で働く司祭たちも皆、『エクス・イルラ・ディエ』に従って宣誓しているので、どんなことがあっても意見を変えることはできない、と述べています（前掲「神社参拝に就いて」、18頁）。

つまり、日本カトリック教会が堅持する、神社宗教論に基づく厳格な神社参拝拒否の態度は、この『エクス・イルラ・ディエ』（および『エクス・クオ・シンギュラリ』）を根拠としていたのです。

上智大学生靖国神社参拝拒否事件による転換

このように神社参拝拒否を堅持していたカトリック教会ですが、一九三〇年代に入ると満州事変が起こり、軍部の台頭とともに社会の様相が変化しました。その結果、一九三二年五月五日に上智大学生靖国神社参拝拒否事件が起こりました。

これは、上智大学の軍事教練担当の配属将校が予科二年生六十人を引率して靖国神社に赴いた際に、数人のカトリック信者の学生が参拝しなかったことに端を発した事件です。配属将校はホフマン上智大学学長に抗議しましたが、この時、ホフマン学長は「正シキ宗教」であるカトリックを信じる者が「誤レル宗教タル神社ニ参拝スル」ことはできないと返答しました。これは、カトリックの公式見解であった神社宗教論に基づく参拝拒否の答えです（「陸軍現役将校配属停止に関する件照会」上智大学史資料集編纂委員会編『上智大学史資料集 補遺』上智大学、一九九三年、107頁）。

これに対し、陸軍省は配属将校を引き揚げるという脅しで大学に揺さぶりをかけました。当時、配属将校の存在は大学の社会的信用にとり不可欠なもので、学生に教練を受けた証明書がなければ、卒業後の就職は難しいとされていました。動揺した大学は、ロス広島教区長やシャンボン東京大司教と相談し、解決策を模索します。その一つが、同年九月二十二日にムーニィ教皇庁使節の諒解のもとシャンボン大司教が文部省宛に送った、神社参拝を要求する理由を照会する書簡でした。

シャンボン大司教は、その書簡中で、小学校から大学までの「天主公教徒タル学生生徒児童」に神社で「敬礼」を求める理由は「偏ニ愛国的意義」からで、少しも「宗教的意義」からではないと明示してくれれば、神社参拝は容易になると要望を出しました（前掲『上智大学史資料集 補遺』、115頁）。神社で行う「敬礼」に限定しながらも、それが非宗教的行為であるなら、教会側は応じることができるとしたのです。

文部省はそれに答える形で、九月三十日に、神社参拝は「教育上ノ理由ニ基ツクモノ」であり、敬礼は「愛国心ト忠誠トヲ現ハスモノ」であると回答し、敬礼を求めるのは「愛国的意義」からとしました（「雑宗一四〇号」『上智大学史資料集 第三集』上智大学、一九八五年、74頁）。

これによって、日本カトリック教会は神社宗教論から神社非宗教論へと転換することが可能となりました。

この文部省回答と、ロス教区長から示唆された旧教会法第一二五八条（深刻な理由がある場合、信者が純粋に受動的に参列する限り、冒瀆・迷信として禁じられた行為も許容される）に基づき、日本カトリック教会は、「カトリック教会の公的声明書」と位置づけた『カトリック的国家観――神社参拝問題を繞りて』（田口芳五郎著、一九三二年）を通して、「学生生徒児童」が学校教育の一環として神社参拝し「敬礼」を行うことは「愛国的行為」であって宗教的行為ではない、だから許される、という立場を表明しました。

とはいえ、この段階では、まだ教会は全面的に神社参拝を認めたわけではありませんでした。教育現場での集団参拝における「敬礼」を容認しただけで、個人の参拝については言及が避けられていたからです。まだ、神社宗教論が完全に放棄された、とは言えませんでした。

3　駐日教皇使節パウロ・マレラと神社参拝問題

使徒的書簡『マクシムム・イルド』とマレラ

上智大学の問題で心身ともに疲れ果てたムーニィ教皇庁使節が一九三二年末に辞任を申し出たため、代わって日本に派遣されたのが、当時アメリカ教皇庁大使館で臨時大使代理を務めていたパウロ・マレラでした。一九三三年九月に駐日教皇使節に任命されたマレラは、同年十二月十九日に日本に着任しましたが、彼にはローマから、『マクシムム・イルド』の精神を日本において促進する、という任務が託されていました。

『マクシムム・イルド』は、一九一九年に教皇ベネディクト十五世が出した使徒的書簡です。その内容は、①宣教国の現地出身の司教、司祭、修道者の育成の奨励、②現地人聖職者たちと西洋人宣教師が対等であることに基づく、現地人神学生へのキリスト教国出身の司祭と同等の養成、③宣教師に対する自国の利益優先の愛国的態度の放棄要求、④宣教地の文明の尊重（ただし、明確に言及されているとはいえない）などで、現地人聖職者の創出に力を発揮した文書でした。

新たに教皇庁使節となったマレラは、マテオ・リッチを尊敬し、宣教地においてリッチ的な文化適応を行うことを夢見ていましたが、その彼にとって、現地文化尊重への扉を開いた『マクシムム・イルド』は導きの糸でした。また、日本への赴任前、ローマでデオクレアの名義大司教に叙階された直後に教皇ピウス十一世と謁見する機会を得たマレラは教皇から、カトリシズムはあらゆる社会に「受肉しなければならない」が、それはその地の文化の尊重の上になされなければならない、との訓示を受けていました（Régis Ladous, en collaboration avec Pierre Blanchard, *Le Vatican et le Japon dans la guerre de la Grande Asie orientale: La mission Marella*, Desclée de Brouwer, Paris, 2010, p. 34）。

こうして、来日後のマレラは、カトリック教会の日本文化への適応を模索することとなりました。

文化適応と神社参拝

マレラは、来日前から日本を深く知るためには日本人秘書が必要と考え、秘書として東京教区司祭だった土井辰雄（たつお）神父を選びました。そして、マレラは土井神父とともに日本各地を回り、日本とその文化を理解しようと努めました（Régis Ladous, op.cit., pp. 91–92）。

その結果、彼が見出したのは、日本で新築される教会の建築様式がヨーロッパからの直輸入であること、聖堂内部に置かれる聖人像などもフランスやイタリアからの輸入品であること、カトリック系学校の生徒たちが日本語ではなく外国語の聖歌ばかりを歌うよう教えられていることなど、カトリック教会が日本文化から浮いている実態でした（Régis Ladous, op.cit., pp. 91–92）。

そこで彼は、一九三五年に指針を出し、宣教師たちに絵画や彫像、教会内部の装飾、建築様式といったものが日本文化に適応したものになるよう協力を要請し、また、一九三八年に出した『希望のながめ』では、「日本文化を尊敬することは、我等の布教的活動の第一条件であらねばならぬ」（パウロ・マレラ『希望のながめ』戸塚文卿訳、羅馬教皇使節館、一九三八年、21頁）と、宣教師たちに日本文化の尊重とそれへの適応を求めました。

しかし、マレラがいう、日本文化への尊敬と文化への適応は、建築様式や装飾、歌といった外面的、物質的な事柄にとどまりませんでした。彼は、日本人の魂を形作っている精神文化・価値観・美徳といった「文化」への「適応」も行うべきだと考えたのです。

マレラは、一九三四年十一月二五日付のフマゾーニ・ビオンディ布教聖省長官宛書簡において、

彼ら（註 パリ外国宣教会の宣教師たち）は、そうした偉大な伝統への敬意もなく、特に、開国当初から、教会が祖国と天皇に対する愛と忠誠を教えているということをはっきりと示すようないかなる公的なキリスト教的儀式もしないで、迷信であったものもそうでなかったものも破壊しました。（Klaus Schatz, “The Yasukuni Shrine Affair: Paolo Marella and the Revision of the Prohibition of

Eastern Rites", *Archivum Historicum Societatis Iesu*, 2012/II p. 463）と記し、一九三五年五月に布教聖省長官に提出した『スマリオ』（要録）において、パリ外国宣教会の宣教師たちが、神社参拝や御真影への拝礼を拒否するように信徒を養成していることを問題視しました（Régis Ladous, op.cit., p. 70）。

そして、日本人信徒たち自身がそのような宣教師の養成を受け入れ、その厳格さに誇りを抱いて、宣教師たちの教えを自身の内面に取り込み、神社参拝拒否や御真影への拝礼拒否をしていることを、より大きな問題だとみなしました（Régis Ladous, op.cit., p.70）。

マレラは、『スマリオ』に「よきカトリック信者であろうとして、日本人信徒たちは日本人であることを殆どやめてしまった」と記し（Régis Ladous, op.cit., p. 70）、こうした日本になじまないあり方が、教会への反感・反対を呼び起こしていると指摘して、「今日に至るまで宣教師はよそ者の外国人で、カトリックは外来宗教のままであり、日本人改宗者たちは外国人の共鳴者にすぎない。宣教師たちは、日本の伝統に対して配慮も無しに、外国流の信仰実践と習慣を押し付けたのである」と報告しました（Régis Ladous, op.cit., p. 87）。

このように、日本の精神文化や価値観への適応までも追求するマレラにとって、神社参拝や御真影への拝礼の拒否は、リッチや『マクシムム・イルド』の精神からはずれた行為であり、日本文化の中核を形成する精神文化への内的適応の拒絶、日本文化と伝統からの断絶でした。

マレラは来日後に、パリ外国宣教会の宣教師たちが『エクス・イルラ・ディエ』（『エクス・クオ・シンギュラリ』)にのっとって、いまだに東洋「典礼」を拒否する宣誓を行っていることを知りました(Régis Ladous, op.cit., p. 62)。

彼は『スマリオ』に

御真影への拝礼や政府の命令に従うことを生徒たちに禁じることで、宣教師たちの大多数は自分たちが『エクス・クオ・シンギュラリ』に敬意を表し忠実であると信じていた。(中略)彼らは(中略)政府が奨励していたような神社参拝は(註　教皇文書がいう)禁止事項のうちに含まれると主張していた。

(Régis Ladous, op.cit., pp. 62-63)

と記し、『エクス・クオ・シンギュラリ』(『エクス・イルラ・ディィエ』)によって立つフランス人宣教師たちは、神社参拝や御真影への拝礼に対し非妥協的で、保守的な態度をとって、カトリック教会を日本社会の中で浮き上がった存在にしていると非難しました。

彼は、神社参拝を拒絶するパリ外国宣教会宣教師たちや、それに従う日本人信徒たちを厳格主義者と呼び、彼らの姿勢を「長崎の精神」と呼んで、日本文化への適応を妨げるものとみなしました。この「長崎の精神」が、『エクス・イルラ・ディィエ』(『エクス・クオ・シンギュラリ』)が持つ、現地文化に含まれる宗教性を「迷信」として断固拒絶する精神に支えられていたのは確かです。

一方、マレラを支えていたのは、マテオ・リッチ的適応の方法や、現地文化の尊重に道を開いた『マクシムム・イルド』の精神でした。しかし、「1　日本政府と神社」でみたように、当時の神社は、

「現人神」とされる天皇と密接な関係があるとされ、日本臣民に「敬神崇祖」の念を注入する装置となっていました。そのような状況下でカトリック教徒が、文化適応の一つとして神社参拝を行うことは、どのように可能となるでしょうか。

マレラの神社非宗教論

マレラは、一九三五年五月に『スマリオ』を、同年十二月に「在日修道会並びに教育施設の長上に対する訓令」（以下、「訓令」）を書き、その中で神社が宗教か否かという問題を取り上げました。

これら二文書においてマレラは、神社はその起源においては宗教的要素を持っていたが、今日、それは失われ、また、神社で行われる儀式もかつては宗教的なものだったが、現在はそうした要素を喪失している、と主張していました。

彼は、「訓令」で「往時神道の儀礼と見なされていたものも、今日では単に世俗的なものと理解される」と述べ（西山俊彦「神社参拝と宗教的行為の規定の恣意性――『信教の自由』原理の確立と『カトリック教会の戦争責任』に関連して（1）」http://peace-appeal.fr.peter.t.nishiyama.catholic.ne.jp/senseki-3.htm）、『スマリオ』にも、神社での儀式は、典礼とか祭祀的な意味合いが全くない「所作」となり、神社は「世俗化」したと書きました（Régis Ladous, op.cit., p. 194）。

つまり、マレラは、神社は確かに宗教的起源を有していたが、今は世俗化して宗教ではない、という神社非宗教論を語ったのです。

なぜ神社が宗教でないかという根拠の第一は、日本政府がそう保証していることでした。マレラは

「訓令」で、「大日本帝国憲法は国民に信教の自由を許容しているのだから、（中略）公権によって命じられているところのものは、宗教的意義ではなく世俗的意義だけを帯びていると見なす」ようにと、在日の各長上たちに求めました（前掲　西山俊彦）。

また、マレラは、この二十年ほどの間にこの世俗化が起こった結果、それまで「宗教的行為と見なされていたものが、伝統と宗教の外見をまといつつも」世俗のものと解釈され、「国家的、愛国的精神の表現」となったのだ（「訓令」）としました。

マレラは、「訓令」において、「教会の教義は不変であるが、教会は状況の変化に適応する」ことが大事だとして、非宗教となった神社への参拝は「適応」の実践なのだと主張し、『スマリオ』でも、二十年は短い歳月だが、日本の進化・発展は極めて速く、教会は最近の日本の社会、風習、見解に適応するしかないのだと述べています。そして、二十年前は神社参拝を禁止した教会が、今は参拝を認めることを非難されるべきではない（『スマリオ』）と主張しました（Régis Ladous, op.cit., p. 194）。

このようにマレラは、この二十年の間に日本において、神社が宗教から非宗教に変わるという文化上の一大変化が起こったので、教会はその変化に適応するべきだという論理を展開したのです。

また、マレラが重視したのは、神社は単に世俗化し非宗教的な存在になっただけではなく、それが「国家的・愛国的精神」を示すものとなったという点でした。つまり、神社参拝は、いまや日本人の愛国心を表現する社会的行為となった点が重要だったのです。彼は、教会は「祖国愛の表現と正当にも解釈できる事柄については誠意ある協力を心懸ける」（L・マニーノによる「訓令」の内容のまとめより

前掲　西山俊彦）べきと考えており、教会の愛国心を日本社会に表明するためにも、神社参拝を行うことを重要とみなしました。

こうして、『エクス・イルラ・ディエ』に基づく神社宗教論によって、神社参拝を拒否してきた日本カトリック教会は、『マクシムム・イルド』に導かれた文化適応の精神にのっとり、日本政府が主張する神社非宗教論を受け入れ、愛国心を表明するために神社参拝を行う方向へと完全に転換していったのです。

おわりに

現地文化への適応を行おうとするマレラの前に「日本文化」として現れたのは、「国家神道」でした。マレラはそれを日本文化として受け入れて文化適応の対象とし、神社非宗教論によって信者の神社参拝を可能とする道を開きました。

また、マレラ来日の頃、既に神社参拝という行為は、日本臣民が行うべき愛国の行為、忠誠の行為とされていました。参拝を当然のように要求される空気が日本社会に満ちていたことによって、神社参拝は愛国心の問題に収斂してしまっていたのです。

そのため、「日本文化」が持つ精神文化や価値観への適応の形として、また、教会が愛国心を表明する形として、神社参拝は、いわば一つの理想的な現地文化「適応」の形とされたといえるでしょう。

これは、非キリスト教宗教に根ざした現地文化に適応しようとしたカトリック教会が味わった、貴重な、しかし苦い「体験」です。この「体験」は、「文化適応」というものの難しさと奥深さ、そして、私たちがいかに識別し、賢明でなければならないかを教えています。インカルチュレーションを語る時、私たちは、過去のこうした経験から何を教訓として汲み取り、それをどう生かすのかも視野に入れつつ考察する必要があるのではないでしょうか。

「信仰のセンス」を識る——実践基礎神学の今日性

原　敬子

はじめに

カトリック信者で社会福祉活動に従事する友人が私に「小教区に生真面目に通っている信者の中には、教会の内がわの揉め事ばかりに心を砕き、世間の貧しく苦しんでいる人たちの姿が全く目に入らない人を見かけるが、どうしてそういうことになるのか？　イエスは、貧しく苦しんでいる人たちのためにこの世に来たのではないのか？」と問う。その一方で、やはりカトリック信者ではあるが、どちらかと言えば、小教区の活動の方に従事する友人が、次のように問う。「社会問題とか、正義のための運動とか、外の活動ばかりに躍起になる人たちは、どうして教会に来て祈らないのか？　まずは小教区共同体で与るミサこそが中心で、そこに集うことこそキリストが望んでいることではないのか？」

私はこれまで両者の間に立ち、自分がどちらの側に位置しているのか分からなくなる事がしばしばあった。前者から言われたならば、私は小教区に生真面目に通う信者であり、後者から問われたならば、教会に来ない外の活動家である。その場その場で、自分なりに何か対応をしてきたと思うが、最近はじっと黙って聞いている事の方が多い。幾度かこのような沈黙の経験をした後、最近やっと分かってきたことがある。それは、沈黙の奥に潜む「識るための道に開かれた門」、この門の方向へと皆と一緒に向かうべきだということである。

「実践神学」を志す上で必要な素養は、まずはこの世でキリスト者らがどのように生きているのかという現象面に自分を開き関心を持つことだというのは言うまでもないが、同時に、そこに終始するのでなく、そういった現象面の奥にどのような道が通っているのかを探ることでもある。神学がそもそも教会全体の信仰を後押しし、過去と終末を繋げていく働きであるとするなら、実践神学はなおさら、そこに生きる人たちの生の座により近く密着し、彼らの信仰の深化を励ましていく働きとなるはずである。

ここでいう実践の現象面には様々なものがある。司牧、典礼、カテケージス、教育、社会福祉、応用倫理、ジェンダー、正義と平和の問題など、全て実践神学の研究対象と言えるだろう。どれも重要な問題であり、一つ一つには深みがある。けれども、実践神学研究で忘れがちなのはそれぞれの実践の基礎にどのような思索が据えられているかという点である。

したがって拙稿では、実践神学で扱われる個々の問題を支える実践基礎神学の今日性について考察していきたい。主に、国際神学委員会の最新の研究成果『教会生活における信仰のセンス――*sensus fidei*』を紹介するかたちでの報告としたい。

1　信仰の内省的認識と世界理解

本稿の冒頭にも述べたような信者各自の信仰と実践に関する個人的理解の齟齬は、どうして起こるのだろうか。

人はそれぞれ十人十色で生まれも違えば性格も異なる。好みも違うし、考え方が違うのは当たり前である。人によっては、子どもや病人、あるいは高齢者を世話することに長けた人もいれば、そういう事はまったく不得手だが、研究や勉学には熱心に取り組むことができるという人もいるだろう。そのような事は当然のことであるが、ひとりひとりに神から与えられた豊かな能力を発揮して、あらゆる領域に彩りを添えられるならば、他人の行動に対して不服を言って揉めることなどないはずである。しかし、我々信仰者は、同じ一つの教会共同体に属しながら「そのような行動でいいのか？」「そのような考え方でいいのか？」と、自問自答を繰り返すのである。冷静になって、他人と自分は違うのだ、違いを尊重すべきだというふうになれないのはなぜなのだろうか。

受洗した後、信仰生活を歩み始めた人たちは、このような疑問を抱いたことが一度や二度はあるのではないかと思う。この問題は「信仰のセンス（*Sensus fidei*）」に関係する問題の一部といえる。冒頭に「識るための道に開かれた門」と述べた私自身の気づきと関連させ、まず「信仰のセンス」とは何かについて考えてみたい。

「信仰のセンス」とは、「一致（コミュニオン）の中で受けとめた信仰の賜物と本質的に結びついている超自然的本性」（『教会生活における信仰のセンス』〔以下『信仰のセンス』〕2）とされる。洗礼を受けた信仰者は、いつ、いかなる時も、本来、福音の真理に向けられた本性を持ち、この本性が何が正統的なキリスト教教理であり、何が正統的な実践であるかを信仰者に認識させ、また、それに同意させるのだというのである。このセンスは「超自然的本性」なのであるから、いわば人間という自然的限界を超えている。それにもかかわらず、センスというくらいだから我々人間ひとりひとりに与えられ、我々が保持している本性（性質 *nature, instinct*）であるとも考えることができるであろう。国際神学委員会はこの信仰のセンスが新しい福音化のための生き生きとした源泉であることは明らかで、しかも、教会が強く十全に一致しているものの一つだと力強く宣言している。

　この概念はすなわち神学的概念であり、それを実際に目に見えるように指し示したり、手で触れて人々に確かめさせたりすることはできない。しかし、それはある、そして、働いているという次元で考察する必要がある。

　一つの例として、教皇フランシスコの教皇就任直後のお告げの祈りの中で語ったある高齢の女性の逸話が挙げられる。以前、この女性は彼に「もし、主がすべてを赦されなかったのであれば、世界は存在していない」と言ったそうだ。教皇は彼女の言葉を取り上げ、「これこそ聖霊が与える知恵だ」と、この女性を励まし、人の内に働く信仰のセンスを賞賛した。この例は人間ひとりの表明を通して、信仰のセンスという「超自然的本性」の存在を我々が認めることは可能だという例の一つなのである。

　また、信仰のセンスは、「わたしの内にある」だけでなく「共同体の内にもある」。個人と共同体が密接に関係しつつも、区別される二つの現実を扱っている概念である。ここで「共同体の内にある」と言っているのはつまり、「真理の柱であり、土台である教会」（Ⅰテモテ3・15）にあるという意味である。

一方では、信仰のセンス、つまり、センスス・フィデイは、信仰者が教会の交わりの中心で、信仰の真理を識別するという個人的な能力を指す。またその一方で、共同体的かつ教会的現実をも指す。すなわち、教会自体の信仰の本性を指しているのであり、それによって教会は自らの主を知り、主のみ言葉を宣言する。このような意味で受けとめられるセンスス・フィデイは、洗礼を受けた者たちが信仰の教理（*doctrine*）、あるいは、キリスト者の実践（*praxis*）の要素に忠実に生きる中での一致に現れてくる。

（『信仰のセンス』3）

例えてみれば、洗礼の秘跡によって教会の交わりの中心に入れられた新しい信者は、泳ぎを知らないまま大洋の真ん中に放り込まれた人のようである。小教区では、新受洗者のフォローアップや、祈りの集いへの案内、聖歌隊や奉仕活動といった各種グループへの勧誘、地域ごとの基礎共同体といった集いを行い、教会内での人間関係を円滑なものとし、いわば新受洗者が共同体で生きやすく、信仰を深めていくための心遣いを惜しまず行うことだろう。しかし、このような外的な意味でのコーディネートをいくら行ったとしても、新受洗者たちは、実際に目で見ることも、手で触れることもできないような信仰の内省的認識の働きである信仰のセンスには無頓着なまま、信者というだけの共通項である「集団」の荒波に、いきなり投げ込まれ、必死で泳いで行かなければならないというのが現実なのではないだろうか。

世界におよそ十三億人の信者を有するカトリック教会を自分の共同体として感じ取ることは非常に難しく、さらに「普遍教会」という神学的概念をすぐに持つことも不可能であろう。受洗後最初期のイメージとしては、自分の属する共同体は「わたしの受洗を受け入れたこの共同体」なのである。信仰のセンスは「信仰の真理を識別するという個人的な能力」と「共同体的かつ教会的現実」という二つの区別されるそれぞれの現実に密接に関わるというが、少なくとも泳ぎ方を身につけるまでは、まずは自らの四肢を大洋に浮かせること、息ができること、大洋が怖くないと安心することで精一杯だろう。

しかも、この大洋はこの世界というもう一つの大洋と切れ目なくつながっていることも忘れてはならない。カトリック信者となった「わたし」が、信仰を分かち合う仲間として色々な相談をし、これから事あるごとにお世話になるという気持ちを抱く「あなた」、すなわち共同体の仲間には、その個人が現実に生きるこの世がある。その人の血縁の家族であったり、コミットメントを約束した組織(学校、会社)であったり、住んでいる街、市町村であったりもする。その人にはその人なりの世界があり、自分自身の人生で生きた信仰の内省的認識を行った上での表明がある。「わたし」は、「あなた」の、その表明を聴き、自分自身の考えとすり合わせ、理解しようと努力し、何とかして「わたしたち」の共同体となっていこうとするのである。

したがって、このように考え、冒頭の齟齬の問題に戻れば、相手の行動が受け入れられないと訴えてくる両者、つまり、あの二人の言動の間で沈黙のうちに垣間見た「門」、もしかすると信仰のセンスは「門」に例えられるのではないかというあの気づきは、あながち間違っていないように思えてくるのである。信者にとっての信仰理解と世界理解はいわば終わりなく続く道のようなものである。信者といえども人はひとりで生きているわけではないので、必ず他者の信仰理解と世界理解を知ることが肝要となってくる。洗礼は最終地点ではない。新しいいのちが始まる出発点である。だから、この新しく開始した終わりなく続くいのちの理解への道が、わたしの道であるとともに他者の道でもあると再認識し、同意する方向へと進んでいかなければならない。この門は、そのような方向へと進むための門である。信仰の内省的認識の働きと自分を取り巻く世界を理解するためにこの門を通っていくのだということである。

さて、ここで、世界理解について、二十一世紀に生きる我々が忘れてはならない点について簡単に触れておきたい。それは近代的世界像の問題である。

ロマーノ・ガルディーニは『近代の終末』において、二十世紀中頃にはすでに近代的世界像の終焉が到来していると訴え、第二バチカン公会議を予告するがごとく新たな方向づけの試みを行なった。それはまさしく、カトリック教会とこの世界との関係の枠組み（パラダイム）が転換したという指摘であった。この論旨の出発点として、かつて、中世においてカトリック教会が国家と一枚岩のような合体をとげていた時代を想像させるよう、次のような描写を行なっている。

中世では、生はあらゆる階層と支脈のすえにいたるまで、宗教によって浸透されていた。キリスト教的信仰は万人のみとめる真理であった。立法、社会秩序、公的私的な気風（エートス）、哲学的思索、芸術的労作、歴史的に生動している理念、これらすべてはなんらかの意味でキリスト教＝

教会の特徴を刻印されていた。（中略）皇帝と教皇、君侯と司教とが不和の間柄にあって、たがいに弾劾しあい、排斥しあった場合でも、教会そのものの存在が疑問視されることはなかったのである。

（『近代の終末』、110頁）

言うなればこの描写はヨーロッパ諸国のキリスト教国家（*Christendom*）のかつての様相である。しかし考えてみれば、日本のような非キリスト教国家に生まれたキリスト教信仰者はキリスト教的信仰が万人の認める真理であるといった世界を経験したことはないし、そのような世界を想像することもできないであろう。実際、私自身、以前フランス人修道女がフランスは五世紀から政教分離が決定的となった一九〇五年までのおよそ千五百年に亘って、キリスト教と国家が一つだったと回顧する言葉を直接聞いたことがあるが、日本とフランスの辿った歴史の違いに驚愕したことがあった。世界観がまったく違うのである。

ガルディーニは西洋諸国においてキリスト教的啓示の真理が深刻な疑問にさらされ、教会の権威が異論が唱えられるプロセスを近代的世界像の台頭とし、この世界像を三つの領域――近代人の自然観、近代人の自律性、「進歩の信仰」を希求した固有の規範――によって分析している。特に、十九世紀後半から二十世紀にかけての二つの世界大戦の後、キリスト教的啓示の主張が世界の中で全く力を発揮できないという経験をしたカトリック教会は近代的世界像を前にして自信喪失をした。しかし、ガルディーニの描写する近代的世界像は、言わば、中世以来のキリスト教国家体制において構築されてきたキリスト教的言説（教理）への対抗であるため、非西洋的歴史の中で培われてきたキリスト教信仰あるいはキリスト教信仰者にとってもそれが深刻な問題となるかどうかはわからない。日本における近代化は日本独自の宗教観への異論も含め徐々に進展したのであり、それは単にキリスト教的世界観・自然観への対抗に終わるものではない。

もちろん、二十一世紀に入り、ガルディーニの予告した「近代の終焉」は、中世以来のキリスト教的世界観を持ち出すまでもなく明らかとなっている。もはや、環境問題、消費文明、人間の生と死をめぐる問題といったあらゆる問題において、地球規模の危機を我々は経験し感じ取っている。このような世界理解の地平において、信仰者は、自らの信仰のセンスと教会のそれとの一致を見出すよう「識るための道に開かれた門」の前に立っているのである。

2　信者ひとりひとりの信仰のセンスと教会生活における信仰のセンス

国際神学委員会の発表した『信仰のセンス』では、説明を容易にするために、センスス・フィデイ・フィデリス（信者個人のうちに本性として働くセンス）と、センスス・フィデイ・フィデリウム（教会のうちに働くセンス）が、都合上区別され、さらにこれらの一致をもたらすためのコンセンスス・フィデリウムが明示され解説される。いずれも目には見えない、手でも触れられない神学的概念であるが、同時に、センスとして呈示されている。つまり、それらを理解するためには我々の内面的感受性による認識が強く求められ、相当な注意力を持って、自らの実存的経験への内省を行なわねばならない。『信仰のセンス』第二章、第三章において一連の流れで内省のポイントが探究されているので、その流れを追いながら述べていきたい。

信者ひとりひとりのセンスス・フィデイ・フィデリス

センスス・フィデイ・フィデリス、すなわち信者ひとりひとりの信仰のセンスは「理性の熟慮によるものではなく、むしろ、自発的で自然な理解やある種の知覚というようなかたちをとる」(『信仰のセンス』49)ものであり、繰り返し述べるが、信仰から流れ出る「本性(*instinct*)」である。ここでいう本性とは、人間にあらかじめ備えられた「共感による知識、もしくは、心の知識」(『信仰のセンス』50)とされる。「生来的なもの(*connaturality*)」という概念が幾度となく用いられ、また、この本性が、概念化と推論という人間の能力を行使することによってさらなる前進を遂げると説明されることからしても、基本的にこの考察が人間論、すなわち、ヒューマニズムに拠って立つものであることは明白である。

第一の本性を人間にあらかじめ備えられたこのような自然的能力とするなら、第二の本性は第一の本性がもたらす正しい理性に従っておのずから行為や判断をなしうる状態、つまり「徳(*virtue*)」ということになる。ここでいう徳とは、「ある人が、知性面であれ倫理面であれ、ある一定の方法でふるまう恒常的な態度(あるいは習性 *habitus*)である」(『信仰のセンス』51)。ここで注目したいのは、現代世界憲章における「良心(*conscience*)」や、教会憲章における「誠実な心(*sincerely seek*)」「正しい生活(*a good life*)」との関連性である。第二バチカン公会議におけるアッジョルナメント、すなわち今日性に開かれた態度を根底から支えているのはまさしくこの開かれた人間理解の方法なのである。

良心は人間の最奥であり聖所であって、そこでは人間はただひとり神とともにあり、神の声が人間の深奥で響く。良心は感嘆すべき方法で、神と隣人に対する愛の中に成就する法をわからせる。

（『現代世界憲章』第一章16、傍点筆者）

事実、本人のがわに落ち度がないままに、キリストの福音ならびにその教会を知らないが、誠実な心をもって神を探し求め、また良心の命令を通して認められる神の意志を、恩恵の働きのもとに、行動によって実践しようと努めている人々は、永遠の救いに達することができる。また本人のがわに落度がないままに、まだ神をはっきりと認めていないが、神の恩恵にささえられて正しい生活をしようと努力している人々にも、神はその摂理に基づいて、救いに必要な助けを拒むことはない。

（『教会憲章』第二章16、傍点筆者）

センスス・フィデイ・フィデリスの人間論的理解は、信仰者の内省的認識に関わるだけでなく、広く人間全体に行き渡る概念としての理解を要求する。教会が第二バチカン公会議において幅広い議論の中で福音化の新しい道に開かれたと確信できたその根拠には、このような人間論的かつ解釈学的理解からの神学パラダイムの転換があった。カトリック教会における伝統的神学概念であるセンスス・フィデイの積極的再解釈によって、その道は大きく開かれた。『信仰のセンス』には、ある種の態度決定にも似た指針が表明されている。

センスス・フィデイ・フィデリスは、信仰の神学的徳から流れ出る。この徳は内面的な姿勢であり、神によって明らかにされた真理全体が受け止められるや否や、愛に促されてそれに従うようにするところのものである。それゆえ、信仰は、必ずしも、啓示された真理全体の明確な知識を意味するわけではない。ある種のセンスス・フィデイはキリスト者の名によって栄誉を与えられた洗礼を受けた人に見出されるが、それはカトリック信仰をそのまま告白しない人にも見出されるのである。したがって、カトリック教会は、カトリック教会と全き交わりに至っていない諸教会の信者と、諸教会共同体を通して聖霊が語りかけることに耳を傾ける必要がある。

（『信仰のセンス』56）

センスス・フィデイ・フィデリスは徹底して信者個人のうちに働く本性であるという揺るがない態度がこの指針から窺える。信仰は明確な知識なのではなく、流れ出るものであり、愛に促されて従うようにするところのものと言う。

したがって、このような信仰のダイナミックな側面に注目していくなら、さらに、信者ひとりひとりの個人的生活におけるセンスス・フィデイの発露（manifestation）との関わり方について考慮する必要が求められる。ここでは三つの主要な点が強調される。

つまり、信者が対峙する信仰の事柄に一貫性があると分かること、それが本質的なことか、二次的なことかという問題が区別できること、そして、こういった識別を行なった末に信仰の証しとして実践に移せるかということ――個人のセンスス・フィデイの表明はここまでのプロセスを求めているのである。

国際神学委員会は、「たとえ、神学的専門性を身に着けていなくても、何かしら異端のような説教をする司教に対して抵抗できるし、むしろそのような場合は抵抗すべきだ」とした聖トマスの言葉を引用し、信者ひとりひとりにとって信仰のセンスの徳がどれほど重要であるかを述べている。信者が抵抗の理由を完全に説明できなくても、納得できず、内面から訴えかけている状態があることは否定されるべきではない。

また、センスス・フィデイ・フィデリスは、信者の精神をキリスト教信仰の本質的なものへと焦点を合わせる働きを行う（『信仰のセンス』64）。したがって、自らの生きる時代のコンテキストにおいて、イエス・キリストの真理の正統な証しと実践の先験的次元を与えるがゆえに（『信仰のセンス』65）、教会における一致の中で、信者間の関係性、教導職と神学者たちとのバランスをもった関係も保つことができるのである。

教会の生活におけるセンスス・フィデイ・フィデリウム

「教会が」という主語で我々が何かを語る時、しばしば抽象的な議論に陥ることがある。しかし「個々の信者の信仰が信じる主体としての教会の信仰に参与している」（『信仰のセンス』66）という実践的次元において、センスス・フィデイを通して教会を顧みるなら、けっして抽象的な議論に留まることはないであろう。信者たちの担うセンスス・フィデイ・フィデリスと、聖霊によって与えられ、支えられている教会自身のセンスス・フィデイ・フィデリウムは引き離すことができない。二千年間の教会の歴史は、実に、信者たちの無数のセンスス・フィデイ・フィデリスの途切れることのない連鎖によって保たれてきたのである。

全教会、つまり信徒と聖職者から成る全体は、聖書の中に、そして生きた使徒的伝承の中に含まれる啓示に対して責任を担い、歴史の中でそれを仲介する。（中略）第二バチカン公会議は、信仰者たちが単に聖職者が教える事柄や神学者たちが説明する事柄を受動的に受け取るような者たちではなく、彼らはむしろ教会内部の生き生きとした、行動的な主体であると明確に教えた。この文脈において公会議は信仰の明言化と展開のうちで、すべての信仰者が果たす重要な役割を強調したのである。（『信仰のセンス』67）

教会の信仰のセンスに対する信徒の貢献がいかに重要であるか。教会のセンスは歴史的文脈のうちに検討され、かつ、過去に依拠するだけでなく、未来へと方向づけられる。

信徒がこれまで教会のセンスス・フィデイ・フィデリウムの識別のために貢献してきたこととして、幾つかの例がみられる。例えば、商業に関わる信徒の新たな気づきとお金の本質に関する神学者たちの考察のゆえに、新たな教えの発展があった。また、教皇レオ十三世のレールム・ノヴァールム（一八九一年）における教会の社会問題に対する考察が信徒の活動家、思想家ら社会的先駆者に果たした役割は大きく、その文書ができたのは時間をかけて準備された実りでもあった（『信仰のセンス』73）。

教会のセンス、センスス・フィデイ・フィデリウムを根底から支えているのは、全教会に属する全信仰者のセンスス・フィデイ・フィデリスなのである。

ここにも教会論の基礎に人間論的アプローチが置かれていることが分かる。教会を成り立たせているのは行動的な主体、つまり人間なのであり、それゆえに教会像には人間の集合体のイメージが反映されている。教導職、神学者はこの集合体の信仰のセンスが十全となるよう、まるでファシリテートをしているかのような働きを行う。

センスス・フィデイの発露である信仰者の声は、まさに神の民の生きた声である。この声に注意を払い、この声を聞き取るという役割がまず教導職へと帰せられる（教導職について『信仰のセンス』は、使徒的信仰を忠実に守る働きのみならず、「教導職が教会全体の信仰の感覚に立ち返るべきだ」と、教導職の聴取の働きを主張している。『信仰のセンス』74）。次に、仲介者としての役割である。教会生活の源泉であり、頂点でもあるエウカリスチアの司式は司教たちの責任下にあるが、センスス・フィデイと教導職とのつながりは典礼のうちに見いだされる。エウカリスチアは信仰者を一つにすることでセンスス・フィデイ・フィデリウムをかたちづくる。エウカリスチアにおいて司教たちの教え（シノドス）、また公会議の教えが信仰者に分かち合われる（『信仰のセンス』75）。教導職は、センスス・フィデイ・フィデリウムを養い、識別し、判断する。信徒がセンスス・フィデイを受容する時、個人の識別を必要とするように、教導職もセンスス・フィデイを受容するために識別のプロセスを通らねばならない。

神学の役割は行動主体としての信徒と仲介者としての教導職に寄り添いつつも、言わばラディカルなあり方として位置づけられる。「センスス・フィデイ・フィデリウムは神学者にとっての注目対象であるばかりでなく、彼らの作業のための土台と場（*locus*）を構築する」（『信仰のセンス』81）。すなわち、センスス・フィデイ・フィデリウムなくして神学の営為はなく、神学の存在自体が危ぶまれるということになる。神学者は、一方では、センスス・フィデイに依って立ち、もう一方では、センスス・フィデイに対して批判的方法によって論証を試みるという二重の関係を持っている。つまり、神の民の信仰の真っただ中に自ら入っていき、信仰者の生活の中で起こるセンスス・フィデイの受容のさまざまな次元を調査することで現実と一つになり、同時に、「使徒伝承への忠実さのために、大衆の信心の表現、新たな思想の潮流、そして、教会の新たな動きについても批判的に吟味」（『信仰のセンス』83）するため離れなければならないのである。こうすることで教会が直面する次のような特定のケースにおいて識別を助けることが可能となる。

一つめは、信仰の危機、あるいは、信仰の誤った理解によって引き起こされた逸脱、二つめは、必ずしも他のキリスト者に関わるとはかぎらないが、ある特定のキリスト者の共同体に適応した多元主義の場から主張される意見、三つめは、信仰と非常に調和し、したがって、霊感あるいは聖書の促しとして認められるべき事柄についての識別である。（『信仰のセンス』83）

エキュメニカルな側面から見たセンスス・フィデイとのつながりも考慮すべきである。これまでカトリック教会と他の諸教会との間に国際的対話の中で、教会の使徒的信仰と証しを保持する責任を負うこと、洗礼を授けられたひとりひとりは信仰において真理を識別する能力を備えていることに対する合意はあった。しかし、二つの特定の疑問がエキュメニカル的対話の文脈で生じてきた。一つめは、すべてのキリスト者の同意を得た教理だけがセンスス・フィデイ・フィデリウムの表明であるとし、合意を拘束力として見なすべきか？という問いである。これについてはノーである。それぞれの教会は自身が打ち立てた教理に対するそれぞれの参与を差し控えることはできない。また、分かたれたキリスト者たちは、何らかの方法で教会のセンスに参与し、貢献すると理解されるべきか？　これについての答えはイエスである。教会自らの目に見える境界線の外に聖性が働くことを教会は認めている（『信仰のセンス』86）。この一致、不一致の両義的な状況の中で互いの対話を構築し続けることができるのも、また、人間論的な基礎によるものと言えよう。

おわりに

『信仰のセンス』第四章では、実際に信仰のセンスを十全に生きていくための具体的な方法と適用が述べられている。本稿の冒頭でも述べたように、信者ひとりひとりが現実の生活の中で自分の受けた信仰を深め、教会共同体の内外で自分のミッションを生きていくこと、つまり、大洋を自由に泳げるようになることは、それほど容易なことではない。また、実践神学で扱われるさまざまな領域はすべて人間の現実生活が関わっているゆえに、個々の人間の態勢と実践との間に矛盾のない一貫性も求められる。このような理由からも、ここに記されたポイントは非常に重要である。

センスス・フィデイへの正統的参与に必要な心構えとして次の六つの点が示される。

a　教会生活への参与
b　神のことばを聴く
c　理性への開き
d　教導職への一致
e　聖性——謙遜、自由、そして喜び
f　教会を築く探究

この六つのプロセスを信者にとっての一連の霊的鍛錬のプロセスと見なすことができる。教会への積極的参与はまず洗礼への道から始まり、その後の典礼への参加、エウカリスチアへの参与等、自分自身の身体と精神全体で教会での生活を過ごすということである。自分自身の「からだ」がまず教会共同体の「からだ」であるという一致の認識から全てが始まる。そして、「信仰は聴くことから生まれる」とあるように（ローマ10・16—17）、そのように参与する身体で「聴く」。聴いたことがらを理性によってわきまえることによって、教導職との対話へと開かれていく。このような交わりの中で教会のセンスス・フィデイ・フィデリウムが明らかにされるプロセスにおいて、信仰者たちは聖性が浄められ、浄めの道のうちにさらに教会を築く探究へと前進していく。このようなプロセスを螺旋階段状に深めていくという心構えが信者ひとりひとりに自らの信仰の養成として求められている。

実践基礎神学の今日性はまさしくこのような信者ひとりひとりの内省的認識が明文化されることなのであり、あらゆる実践神学の根本には、このような信者としての態勢を取るという自覚が要求されているのだと思う。『信仰のセンス』の最後には、センスス・フィデイと信仰の不可謬性との密接な関係性が付されている。実践基礎神学の神学的概念として最も重要な概念であることが分かる。この引用によって締めくくりたい。

センスス・フィデイは、歴史を旅する信じる主体として全教会が持っている「信仰の不可謬性」と密接に結びつけられています。センスス・フィデイは聖霊によって支えられ、教会が与える証しと、主への忠実性のうちに、いかに生き、行動し、またいかに話すべきかについて、個人としても共同体においても、教会の成員が継続して行うべき識別を可能にします（『信仰のセンス』128）

注

国際神学委員会『教会生活における信仰のセンス——*sensus fidei*』（2014）、INTERNATIONAL THEOLOGICAL COMMISSION, *SENSUS FIDEI*: IN THE LIFE OF THE CHURCH（2014）の全文は、http://www.vatican.va/roman_curia/congregations/cfaith/cti_documents/rc_cti_20140610_sensus-fidei_en.html において閲覧可能。

和解のための実践哲学――修復的正義の精神とその可能性

石原　明子

はじめに

肉をもって生きるこの世において、和解を実践するとは、具体的にどのようなことであろうか。人々の間の和解を神は勧める。しかし実際のところ、私たちの生活の中で、人と仲たがいしたときや、傷つけたり傷つけられたりしたときに、どのように「和解」をするべきなのか、あるいはすることが可能かを実感をもって知っている人は、どれほどいるだろうか。

また、キリスト教では「ゆる（赦）しなさい[1]」ともいう。私たちは、自分や大事な人が傷つけられたとき、傷つけた人をゆるし、和解をしなければならないのか。ゆるすとはどういうことか。日本では、「水に流す」という言葉がある。ゆるすとは、起こったことを水に流して、金輪際問わず、ニコニコと過ごすことか。ゆるすとは、傷つけられたことを「忘れ」て、前を向くことか。和解とは、そのようにして、過去を問わず、過去を忘れて、自分を傷つけた相手ともまた手を取り合って、ニコニコと共に生きていくことなのか。

だが、忘れようとしても忘れることができない場合はどうしたよいのだろうか。「水に流せない私」が悪いのか。しかしそもそも、本当に悪いことをされて、それを不問に付すならば、相手はどうやって反省の機会を得るのだろう。また同じ過ちを気づかずにするのではないだろうか。不正義を放置することにはなるまいか。

私は、紛争解決・平和構築学を専門にしており、平和と対立・葛藤に関するワークショップなどを市民と行うことがある。平和のイメージの絵を描いてくださいとお願いすると、仲良くニコニコと人々が手をつなぐ絵を描く方も多い。また、正義のイメージを聞くと、公平さをはかる天秤を描く方、スーパーマンを描く方、こぶしを上げて人が正義を訴える姿を描く方などがいる。「正義という言葉にはあまり良いイメージがないのです……。それは正義の名のもとに自分の正しさのみを主張すると、平和を害することになるから……」という方も少なくない。正義を求めれば、人と人の間の平和は遠ざかるのか。平和のためには、正義はあきらめて、ゆるし、和解するしかないのか。しかし、それではやはり、もやもやした気持ちは残るだろう。前々ローマ教皇のヨハネ・パウロ二世は「正義なしに平和はなく、ゆるしなしに正義はありません[2]」と説いた。その意味は何なのだろうか。

上記のような疑問を引きうけ、この現実社会での「和解」の実践のために具体的に構築されてきた指針・哲学が「修復的正義（restorative justice）」であった。文字通り、「人間関係の修復」と「正義」を両立させるという意味の考え方である。現在社会の狭義の修復的正義は、キリスト教のプロテスタントのメノナイト教派の人々から「被害者加害者和解メディエーション（調停）」として実践が始まり、理論化されていった。最初は、いわゆる犯罪の被害者と加害者の対話としてスタートしたが、現在は、内戦後の和解、いじめなども含む学校での問題の解決、環境災害の解決、高齢者ケアなど、多様な分野に応用が広がっている。

本稿では、この修復的正義を紹介し、日本での可能性についても検討する。

1 修復的正義のはじまり

筆者が専門とする紛争解決学は、人と人、人と集団、集団と集団など、多様な場における対立や葛藤（コンフリクト）に建設的に取り組み、主に対話等のコミュニケーションによって解決あるいは未来に向かった変化をもたらすための実践的学問である。対立や葛藤には、利害対立、価値観の対立、感情的対立など様々な要因があり、その要因ごとに解決や変化をもたらすための理論が形成されている（石原二〇一八）。その中でも、加害者・被害者の関係がある場合に、解決に向けての関係性の変化すなわち和解をどのようにもたらすことができるか、に関する実践的取り組みとその理論として、修復的正義がある。

人が傷つけあったり、加害被害行為が起こったりしたときに、どのように仲直りし、再び共に生きていくかについての取り組みは、おそらく、人類史上最も長く取り組まれてきた課題の一つといってよいだろう。世界の多くの宗教は、それについて説いているといっても過言ではない。

連綿と続く人類史的な取り組みの中で、現在の修復的正義として呼ばれる実践は、一九七〇年代の終わりごろに北米で、犯罪の被害者と加害者の直接対話プログラムとして始まった。すなわち、傷つけあう関係が起こったときに、被害者と加害者を直接会わせて、対話を促進し、和解を模索するプログラムである。このプログラムでは、起こったことを無理矢理水に流したり、不問にしたりして、和解を強要するのではない。修復的正義という名称からも想像できるとおり、起こったことに向き合い、正義を構築しながら、しかし関係性も修復するための話し合いである。

一九七四年に、カナダのオンタリオ州のエルマイラで少年が犯罪をし、キリスト教のメノナイト教派の信徒でその時の保護観察官であったヤンツィが、その犯罪をした少年を被害者のところに連れていって直接会わせたところ、少年の更生にも、被害者の納得の面でも、よい成果がうまれた。少年は自分がしたことが被害者にどのような痛みを与えたかを知ることとなり、また、被害者も自分を苦しめた犯人は悪魔ではなく、大人の庇護を必要とするいたいけな存在であったことを知り、更生に協力することとなった。このような中から、被害者加害者和解プログラム（VORP：Victim Offender Reconciliation Program）という名称のプログラムが開始された。一九七八年ごろからは、米国で、メノナイト中央委員会（MCC）を中心に、被害者加害者調停（VOM：Victim Offender Mediation, のちに被害者加害者会議VOC：Victim Offender Conferencing と呼ばれる）が、犯罪後の被害者加害者対話の取り組みとして本格的に開始された。

メノナイト中央委員会での一九七八年の被害者加害者調停に関するプロジェクトの中心であったハワード・ゼアが、一九九〇年には、修復的正義に関する著書 *Changing Lenses : A New Focus for Crimes and Justice*（邦訳『修復的司法とは何か』）を出版する。これが、世界での修復的正義の実践の理論的指針となっていった。他にも、マーク・アンブライト、ジョン・ブレイスウェイトら、他の実践者や学者による出版もなされていく。これらを基盤に、北米の多くの州や、オセアニア諸国や欧州諸国でも、犯罪後の被害者加害者対話の実践が広がっていった。時代的背景としては、民事紛争などにおいても、裁判ではなくて、調停による当事者間の話し合いでの解決が注目を集めていくのと呼応した流れであった。

当初は、犯罪の被害者と加害者の対話プログラムとして発展した修復的正義の取り組みだが、理論的指針の完成も背景に、一九九〇年代後半以降は、刑事犯罪以外の多様な場面にも応用されていった。現在までに、修復的正義の考え方が応用実践され重要な取り組みとなっている分野は、①国際紛争・内戦後の移行期正義のプロセス、②学校教育での違反行為や非行・いじめ、③ドメスティック・バイオレンス（DV）や性暴力、④事故（交通事故、医療事故）、⑤環境災害や公害、⑥企業犯罪や不祥事、⑦高齢者ケアや虐待への対応など、多様に広がっている。

また、その実践プログラムも、多様な国・地域や場面で実践されるに従い、北米で当初なされた①被害者加害者会議（Victim Offender Conferencing）だけでなく、②家族グループ会議（Family Group Conference）、③サークルプロセス（円座対話、Circles Processes）、④コミュニティ修復的理事会（Community Restorative Boards / Panels）、⑤学校型モデル（School / University Campus Models）、⑥伝統的な正義のプロセスの改変型（Modified Transitional and Indigenous Justice Processes）、⑦ツアー型モデル（Restorative tour）[3]など、多様なプログラムやモデルが発展してきている。

日本に修復的正義の考え方が紹介されたのは、およそ二〇〇〇年ごろである。日本では当初、主に刑法や刑事政策、被害者学等の研究者によって、紹介されていった。その文脈もあり、最初は、修復的正義（restorative justice）の justice は正義ではなく、司法と訳されていた。二〇〇三年にゼアの

Changing Lenses の邦訳が出版されたときも、書名は『修復的司法とは何か』とされた。現在でも、刑法や法律学の分野では、修復的司法という用語を用いる人も多い。それに対して、ゼアがのちに修復的正義の指針をよりコンパクトにまとめた *The Little Book of Restorative Justice* を森田ゆりが邦訳したときには、『責任と癒し——修復的正義の実践ガイド』とされた。現在では、筆者も含めて法学以外の人々の間では、修復的司法という言葉の代わりに修復的正義という用語を用いる人も多い。日本でも二〇一〇年代以降、徐々に刑事犯罪以外の分野、具体的には、環境災害、教育、高齢者ケアなどの分野への応用や取り組みの研究も開始されている。

2 修復的正義とは何か、その視点

(1) 修復的正義の定義

犯罪後の被害者加害者直接対話として開始され、実践の中で発展してきた修復的正義は、その実践方法も多様になり、決まった実践の形態として一義的に定義することが難しくなってきている。研究者や実践者ごとに、少しずつ異なった定義をしているが、初期から実践の中心で理論的指針をつくったゼアは、著書 *The Little Book of Restorative Justice* の中で、

修復的正義とは、その加害被害行為に影響を与えたり受けたりした人たちを可能な限り含めて、癒しをもたらし、ことをできるかぎり正しくするために、行われた害と、(関係者の) ニー

ズと、(ニーズを満たすための) 義務がなんであるかを協働的に同定して、それに取り組むプロセスのことである。(Zehr 2015)

と述べている。この定義の意味を、下記に読み解いていく。

(2) 修復的正義の視点――懲罰的正義/応報的正義との対比で

正義をつかさどるとされるギリシャの女神は、手に天秤をもち、両者の公平性すなわちバランスを慎重にはかっている。修復的正義は、誰かを誰かが傷つけたとき、加害被害の関係が生まれたときに、どのようにその両者のバランスをとれるのか、どうすれば釣り合うのかについての一つの考え方である。誰かが誰かを傷つけたときのバランスのとり方として、修復的正義は、応報的正義との対比で語られることが多い。

応報的正義とは、旧約聖書で「目には目を、歯には歯を」といわれているように、「傷つけられたら、同じだけ、傷つけ返す」ことでバランスをとるという考え方である。それに対して、修復的正義は、傷つけられたら、傷ついたものを修復 (復活) させる、という形でバランスをとろうとする、新約聖書的な考え方である。

筆者はこの後者の考え方を、イエスに倣うバランスのとり方と説明することがある。イエスが十字架にかかったことは、無実の者が殺されるという理不尽な殺人事件だ。その起こったことにバランスをとるためには、「目には目を」の考え方でいくならば、イエスは「自分を殺した人たちを、同じよ

刑事司法の問い	修復的正義の問い
①どの法律が破られたのか	①誰が傷つけられたのか
②破ったのは誰か	②傷つけられた人のニーズは何か
③破った者はどのような罰を受けるべきか	③そのニーズへの責任は誰が負うか

【表1】3つの異なった問い（刑事司法と修復的正義）
(Zehr 2015)

うに殺し返す」という形でバランスをとる選択肢も考えうる。しかし、神は、どうしたか。殺されたら殺し返す、のではなく、殺されたイエスが生き返り復活するという形で、バランスをとり、シャロームを取り戻した。これに倣うべく、壊されたものを修復し復活させることに加害者は責任をもつ、というバランスのとり方が修復的正義の考え方である。

　また、修復的正義は実践の中で、応報的要素ももつ通常の刑事司法（刑事的正義 criminal justice）との対比で説明されることが多い。まず、問いの立て方に違いがある。【表1】のように刑事司法では、①どの法律が破られたのか、②破ったのは誰か、③破った者はどのような罰を受けるべきか、という問いにそって審議が進む[4]。それに対して、修復的正義では、①誰が傷つけられたのか、②傷つけられた人のニーズは何か、③そのニーズを満たす責任を誰が負うか、どのようにニーズを満たしていくか、という問いを立てて話し合いを進めていく。とくに修復的正義の②の問いは、傷つけられた人の人生が、さらに可能ならば、加害者との関係が修復され復活されるために、被害者はどのようなニーズをもつか、を考えるためのものである。

　刑事司法と修復的正義の視点を比較したのが【表2】である[5]。

刑事司法　Criminal Justice	修復的正義　Restorative Justice
犯罪は、法と国家に対する侵害	犯罪は、人々や関係性に対する侵害
侵害行為は、罪をもたらす	侵害行為は、責任をもたらす
正義は、国家が罪を決定し、苦痛を与えることを要する	正義は、ことを正しくし修復するための取り組みに、被害者・加害者・その関係者が参加することを要する
中心的焦点：加害者がしてしまったことで受けるべき罰を受けること	焦点：損なわれたもの・傷つけられたものを修復していくための被害者のニーズと加害者の責任

【表2】視点の違い（刑事司法と修復的正義）
(Zehr 2015)

修復的正義のアプローチによる実践では、【表2】の視点をもとに、【表1】のような問いに沿って、被害者、加害者、そして関係者を含めて話し合っていく。

被害者と加害者と対話支援者の三名で話し合いが行われることもあるが、多くの場合、加害者と被害者だけでなく、彼らの関係者（主に、家族や知り合いなど加害者や被害者を愛する人たち）を含めて話し合いが行われ、加害者がしてしまったことに責任をとり、被害者が癒されて回復（復活）していくためには、誰が何をしていくべきか、という未来に向けた話し合いが行われる（【図1】）。プログラムによっては、地域の警察官や裁判官のような人も話し合いの輪に入って一緒に話し合うこともある。被害者が癒されて回復されていくための方法は、刑事裁判では直接話し合われることはなく、民事裁判では賠償金というお金の額にすべて換算されてしまうが、修復的正義では、実践可能なあらゆる方法が採用される可能性に開かれている。

3　修復的正義の実際

上記のような視点で対話等が進められるが、実際の修復的正義のプログラムはいったいどのような様子なのであろうか。修復的正義での対話のプログラムをするときには、透明性、説明責任、真実、尊重、参加、悼む気持ち、自己決定・自律性、互いにつながりあっているということといった価値を大事にしながら、話し合いが進められる。

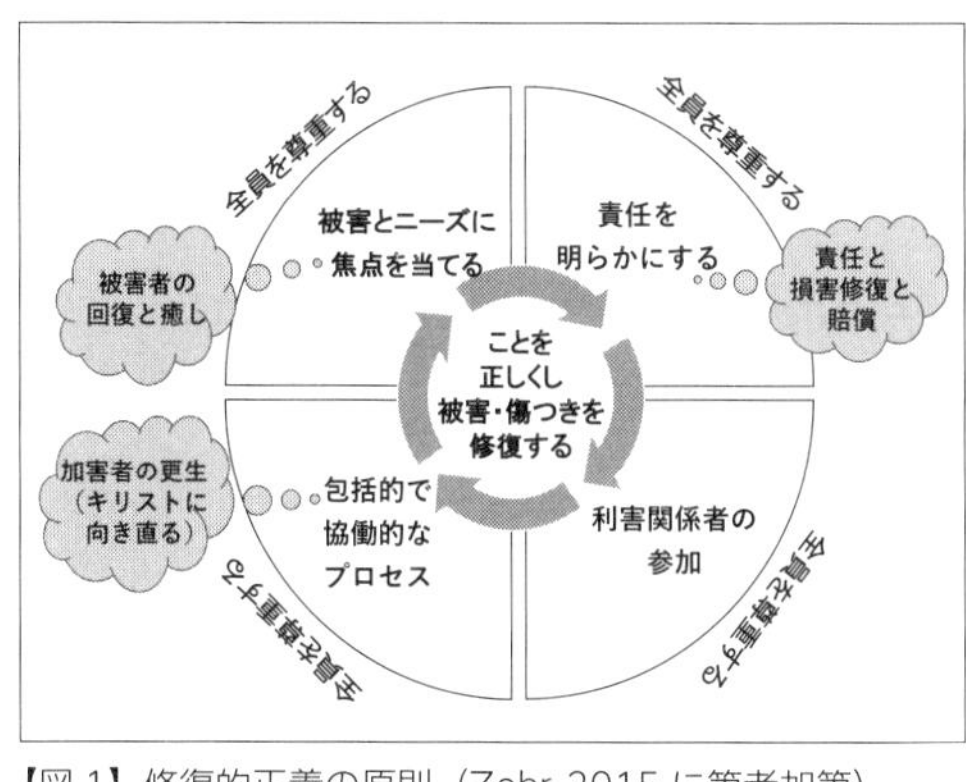

【図 1】修復的正義の原則（Zehr 2015 に筆者加筆）

その結果、話し合いの結論、すなわち、被害者のニーズをどのように満たしていくかの結論は、もちろん大事である。しかしそれ以上に修復的正義のかなめとなるのは、その話し合いのプロセス自体であると筆者は考える。被害者と加害者が、痛みを伴いながらも、怖れと尊厳の両方を持ちながら、ふれあい出会っていく、その両者の魂の旅路が本質である。

被害者にとってその加害者は、事件直後は、同じ人間とは思えない悪魔のように感じられるものだろう。また加害者も、その加害行為をしてしまった瞬間には、相手が自分と同じ血の通った痛みを感じる存在であることが頭から抜けてしまっていたかもしれない。そのような中で、当初は、被害者は加害者の顔を見たくもない気持ちや、加害者も被害者の顔を見ることができない気持ちもあろう。

修復的正義で加害者と被害者が直接会う場合は、両者が自分の意志で会うことを望む場合のみ、直接の面会が設定されるのが原則だが、なぜ被害者は、顔も見たくないはずの加害者と会おうなどと思うのだろうか。そこにはやはり、憎むべき相手であっても、同じ人間としてつながりを求める欲求があるのかもしれない。あるいは、逆か。ある犯罪の被害者はこのように私に話してくれた。「その犯人と私の人生は本当は無関係だったはずなのに、犯罪がなされたことで、その加害者が私の人生に入ってきてしまった、つながってしまったのです。つながってしまった以上は、同じ人間として、私の痛みをきちんと理解して責任をとってほしい。私の重荷を加害者にも共に背負ってほしいのです」。また、さらに一見逆のことをいう被害者もいる。彼女は、加害者に向かって「あなたの重荷を私が一緒に背負いましょう。だから、顔を上げてあなたのしたことに向き合って、反省のもとにこれからの人生を歩んでください。そのときに、私の重荷も軽くなります」と語りかけた。

いずれにしても、起こった痛みや重荷を、被害者と加害者あるいはその関係者で共有していくプロセスが、修復的正義の対話のプロセスである。実際そのプロセスは、生易しいものではない。起こった痛みに向き合い、再体験すらしながら、恥の気持ちと向き合いながら、そのことに丁寧に触れていく。

その旅路の意味するところを理解するのに一番良い方法は、修復的正義の現場を体験することであるが、それに代わるものとして、ある修復的正義の被害者加害者直接対話のドキュメンタリー作品のあらすじを紹介したい。これは、少年二名が道すがら親切にされた女性に性暴力を働き、殺害した事件で、その殺害された女性の娘とその祖母（被害女性の母）が十五年の時を経て、加害者との面談を申込み、加害者と直接対話のときを持つまでのドキュメンタリーである。米国で制作され、修復的正義を教える機関などでも多く視聴されている。

【事例——殺人事件の被害者加害者対話（ドキュメンタリー『Meeting with A Killer』）より[6]】

加害者の青年Jは、十五歳のとき仲間と、道すがら偶然に親切にしてくれた女性を誘拐し、レイプし、銃で殺害した。逮捕され、刑務所に収監され、十五年近くたった今も収監中である。被害者の女性には当時五歳の娘がいた。十五年のときが経ち、殺された女性の娘とその祖母（被害者の母）は、加害者との面談を、被害者加害者対話支援サービスを行っている被害者支援団体に申し込んだ。「私には、解けていない疑問がある」。母を犯罪で失った当時五歳だった娘は大人になり、一児の母となっていた。

被害者支援団体の被害者加害者対話の担当者の女性は、準備のために、面会を望む被害者家族の自宅を訪問する。どうして加害者と面会したいのか、どのようなことを聞きたいのか、そして会うことが可能な心の状態かを確認するためだ。一方で、担当者の女性は、刑務所に収監されている加害者にも会いにいく。彼が今どのような状態で、自分がしたことや相手の遺族に対してどのような思いをもっているのか、被害者と面会することが可能な状態かを会話して精査する。被害者家族と加害者の両方と、別々に何度も面接を重ね、半年の準備を経て、とうとう、被害者家族が刑務所を訪ね、両者が直接対面するときを迎えた。

午前十時半、刑務所の礼拝堂。張り詰めた空気の中で、それぞれの紹介と、被害者家族からの加害者への質問から、対話は始まった。半年間、両者のもとに通って話を聞いてきた女性が対話支援者として、間に入っている。緊張と申し訳なさと恐怖で今にも泣き出しそうな加害者の青年。「なぜ私の母を狙ったのか」「たまたまだった」。いくつかの質問の後、被害者の母が、娘が亡くなる前の最期の言葉を聞いた。加害者の青年は絞り出すように答えた。今殺されるばかりのとき、被害女性の最期の言葉は「あなたをゆるします。神もあなたをゆるすでしょう」であった、と青年は答えた。その言葉を聞いて、泣き崩れる被害者の娘とその祖母。祖母は、孫の肩を抱きながら「それがあなたのお母さんなのよ」と涙ながらに語りかけた。

お昼を挟み、午後まで面談は続く。午後は、その青年がどんな人生を送っていたかについて、質問が及ぶ。青年が答えた。生まれたときに母に捨てられ、孤児院で育った。引き取られた家の養父からは、性的暴力を受けた。家に居場所のない青年は夜の街を悪い仲間と放浪し始めた。ドラッグ、自殺未遂の繰り返し。そんなとき、彼は事件を起こした。養父に性的暴力を受け居場所がなかった青年の人生を聞き、被害者家族たちは顔を覆った。

午後の後半は、青年の将来について話が及ぶ。「私が仮釈放されるならば、どのようにお感じになるでしょうか」と青年。「あなたに行くところがあり、残りの人生で何か良きことをするならば、全く問題ないと思っています。ただ強く望むのは、あなたが出所するまでの間、刑務所内学校で教育を長く受け続けることです。どんなに大変でもがんばってください」と被害者家族。「出所までに、特に高校卒業認定資格までは修了したいです」と青年。

長かった一日、面談を終える時間がやってきた。「一緒に写真をとっていい？」と被害者家族。そんなことがゆるされてよいのか、とでもいうように、遠慮して被害者家族のそばに行こうとしない青年を、被害者家族は招き入れる。うつむき加減にはにかむ青年と、何か重荷が一つとれたような穏やかさを表情にたたえる被害者家族が、一つのフレームに収まった。

あらすじでは表現しきれない濃密で繊細な魂の旅路がそこにはあるので、ぜひ視聴していただきたい。ドキュメンタリーに現れる被害者と加害者の出会いのプロセスでは、上述の「修復的正義の三つの質問」(【表1】)や「被害者のニーズをどう満たすか」といった具体的な話し合いとは別の、霊的な次元での変化が起こっている。このようなある種の理想的な出会いや対話ができた場合には、「ステップ①出会う・向き合う(Encounter)」「ステップ②悔い改める(Amends)」「ステップ③再統合する(Reintegration)」「ステップ④共に歩み出す(Inclusion)」といった変化がうまれるといわれている。まさに、このような霊的な旅路こそが、修復的正義の真骨頂であり、和解の実践の本質と感じる。

修復的正義でいう「修復」は、そもそも何の修復なのだろうか。一義的には、加害者との関係の修復すなわち和解だが、しかし、それだけではない。壊された物や体自体の修復であることもあるし、傷つけられた心や魂の修復でもあり、神との関係の修復でもある。神の体を形成する我々の関係性の修復、すなわち和解をすることは、神の体の修復、神との関係の回復にもつながっていく。

心や体が癒されるという場合の「heal」という言葉は、「health」「whole」「holy」とも語源を共にしているという。癒されて(heal)、健康(health)になり、自身の全体性(wholeness)を回復する、すなわち神との関係(holiness)を回復する。これらはすべてつながりあっている。その意味では、修復的正義で修復されるものは、壊された物理的なもの、傷ついた心、魂、人との関係性、神との関係といったすべてが、実は相まっているといえる。

4　修復的正義の発展

（1）修復的正義の広がり

犯罪での修復的正義の活用は、北米、オセアニア、ヨーロッパ、その他の地域で広がっていった。カナダやニュージーランド等では、先住民がもっていた話し合いで問題を解決する文化とも融合され、手法も、メディエーション（調停）だけでなく、円になって対話するサークルプロセス（円座対話）や、家族や親族が一緒に話し合う家族グループ会議などの形で発展していった。

修復的正義は、身の回りの犯罪以外の場面にも、応用される分野が広がっていった。内戦後の和解、学校教育でのいじめ・暴力や違反行為、ドメスティック・バイオレンス、高齢者ケア、医療事故や交通事故など事故、公害を含む環境災害への対応などである。

本章では、次節で、世界的に修復的正義が大きな役割を果たしている内戦後の和解について論じながら、こころの傷（トラウマ）と暴力の連鎖からの脱却のための和解や修復的正義にも触れる。さらに、日本でも広がりが期待される学校現場での修復的正義についても紹介する。その後に、最終章では、日本における修復的正義の可能性を論じる目的をもって筆者が取り組む、水俣病公害事件や東京電力福島第一原発事故による人間関係分断の変容支援への修復的正義の応用について論じる。

(2) 内戦後の和解——傷つきによる暴力の連鎖を断ち切って

修復的正義が大きな力を発揮する分野の一つが、内戦後の和解である。二十世紀後半の戦争は、主に、国家間の戦争から内戦へと移行していった。内戦では、地域に一緒に住んでいた者同士が、敵味方となって、いのちを奪い合うこととなる。その場合、戦争の指揮官のレベルで、内戦終結が決められても、昨日まで殺し合っていた人たちが、その恐怖と傷つけ合った関係の中で、再び一緒に地域で暮らしていくには、越えなければいけない課題がたくさんある。戦禍からの物理的な生活基盤の再建、体と心の傷の回復もそうであるが、なにより共に生きていくうえでの関係性の回復である。一度は敵となった人との信頼関係をどのように再構築するか、という問題である。

ここでの関係性の回復は、表面的な「手打ち」「和解」では意味がない。いくら「今日から内戦は終結だ。昨日までのことは終わったこととして、和解して未来に向かおう」といっても、自分や家族を昨日まで殺そうとしていた人を急に信じることは、不可能だ。襲われた恐怖、憎しみ、トラウマは簡単に拭い去れない。紛争解決学の分野では、暴力を受けた心のトラウマが次なる暴力の源泉になっていくことが、よく知られている(【図2】)。トラウマは、暴力に対する生理的な反応である。ト

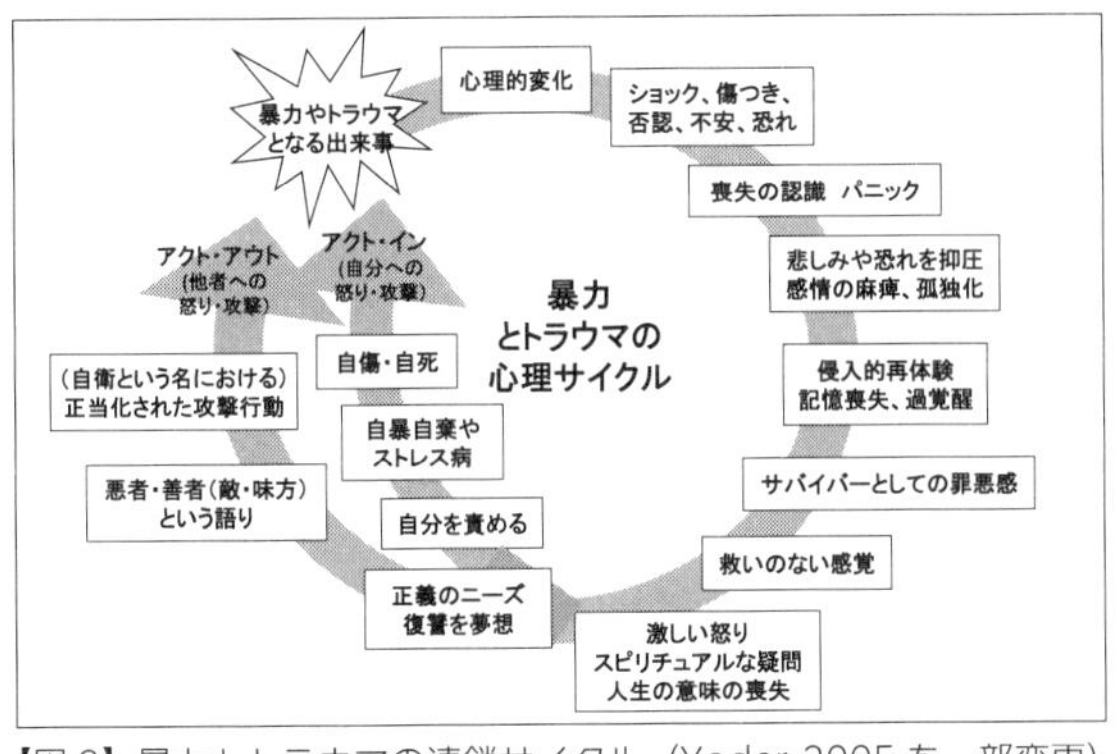

【図2】暴力とトラウマの連鎖サイクル(Yoder 2005を一部変更)

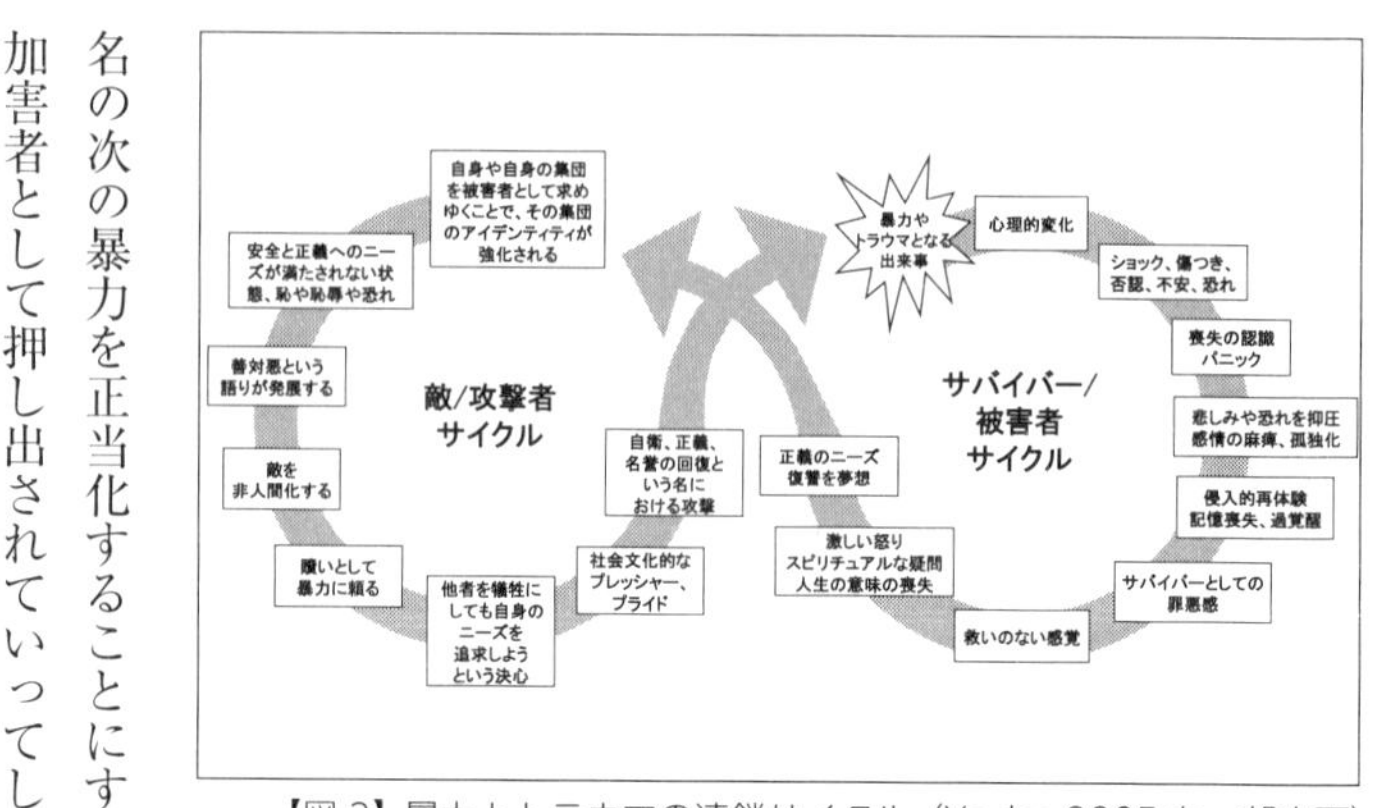

【図3】暴力とトラウマの連鎖サイクル（Yoder 2005を一部変更）

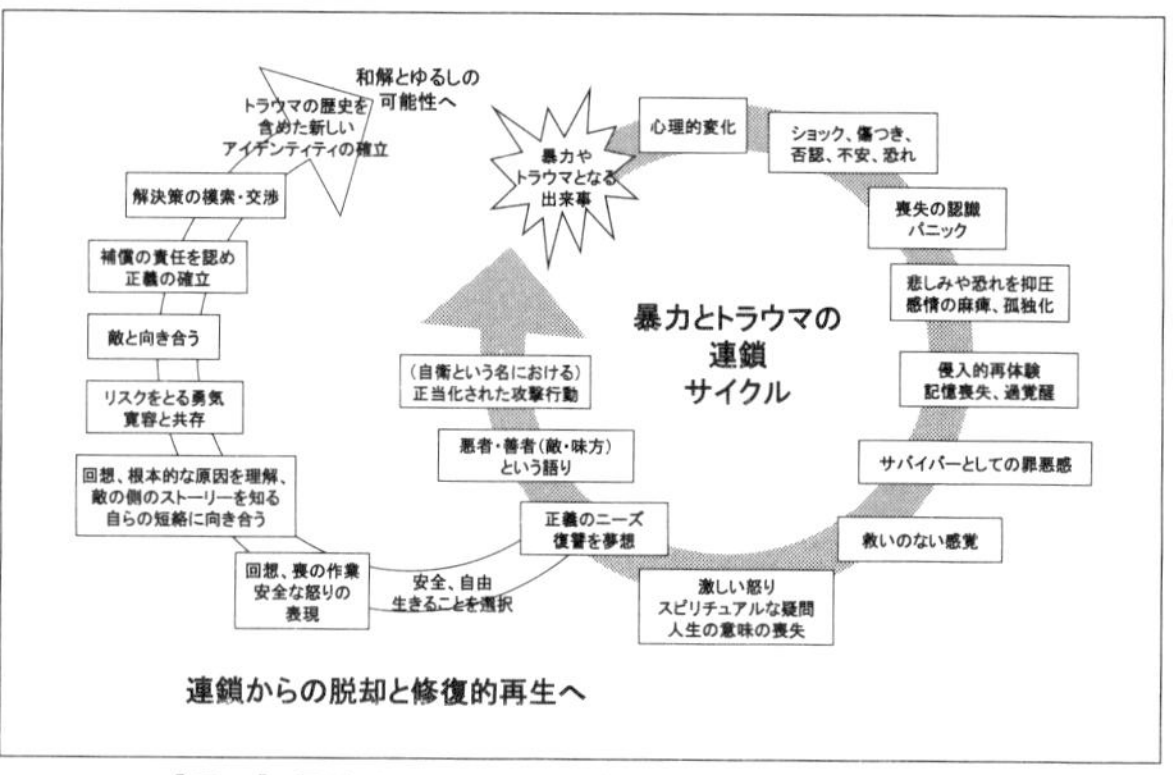

【図4】暴力とトラウマの連鎖からの脱却と修復的再生モデル（Yoder 2005を一部変更）

ラウマのエネルギーは怒りとなり、そのまま適切にケアされなければ、自らの「防衛」という意味も含めて、次なる暴力への源泉となる。暴力によるトラウマは、正義のニーズをもたらし、正義のニーズはややもすれば「悪者・善者」という語りや「敵・味方」という語りにつながり、復讐という名の次の暴力を正当化することにすらつながる。暴力の被害者が、本人の意図とは関係なく、次なる加害者として押し出されていってしまう。それが、暴力の連鎖である（【図3】）。

その暴力の連鎖を断ち切り、再び平和をもたらすためのプロセスをモデル化し、描いたのが【図

4】である。トラウマケアと修復的正義を合わせたモデルとなっている。暴力によるトラウマののち、激しい怒りと正義のニーズがわいてくるのは、トラウマからの回復のために極めて重要な過程であるが、そこから、実際に復讐という名の次の暴力に向かうのでなく、怒りの裏にある悲しみを十分に感じきることができ（喪の作業）、そこで初めて心の余裕ができて、自分の敵にも同じような悲しみと恐怖のストーリーがあったことを知り、起こったことに向き合い、敵と人間として向き合い、二度と同じことが起こらない未来に向かって共に歩んでいくための解決策を、共に模索する（【図4】の白色の矢印のプロセス）。

このようなモデルで説明できる様々なトラウマケアと修復的正義による和解のプログラムが、様々な内戦地で取り組まれている。

(3) 学校での応用

学校等の教育現場も、修復的正義の考え方が応用され、発展した重要な分野の一つである。違反行為や暴力行為があったときに、単にその生徒を切り捨てて終わるのではなく、教育の機会として、そこから学び、未来に向かわせていく。また、被害者がいた場合には、その生徒もただやられて終わりではなく、自らの気持ちを表現し、それが聞かれることによって、エンパワーされて未来に向かっていく。そのようなことに価値が置かれる教育の現場にとって、修復的正義は親和性のあるものであった。

いじめへの取り組み、学校内での生徒間での暴力や盗みなどの非行・侵害行為、生徒と教員間のコンフリクトへの対応にも応用されている。加害者を単に停学などに処して終わるのではなく、被害者のニーズを満たすことに加害者が責任をとれるように支援する。ある生徒が、友達の携帯電話がうらやましくて盗んで川に投げ捨てた事件では、加害生徒のうらやましかった気持ちも聞いたうえで、被害生徒の携帯を取り戻したいというニーズにこたえるべく、加害生徒が、被害生徒の携帯電話を買い直すためのお金を健全な形で稼げるように、先生のお手伝いをすることでお駄賃をもらえるという場を先生が用意し、加害生徒が弁済を完了する支援をする、というような解決も見られた。またいじめでは、加害生徒と被害生徒の話し合いよりも、加害生徒らを集めて気持ちを話し合い、彼らのケアをするサークルプロセス（円座対話）をすることが、次のいじめの防止につながった事例もある。

直接の加害被害関係がないような違反行為、例えば、たばこやカンニング等についても、応用もされている。生徒全員で、起こったことの中で誰が傷ついたのか、傷ついた人のニーズは何か、といった形で話し合っていくなかで、そのルールのもともとの意味についても、皆で共有し話し合っていく機会とする。

現在、筆者は、自らの大学院に社会人大学院生として通う学校教員と、学校でのいじめも含む多様なコンフリクトに建設的に取り組むためのプログラムの開発を開始している。現場でのコンフリクトは、いじめ、保護者の学校へのクレーム、保護者間コンフリクトなどが単体で起こるのではなく、それらが複合的に起こる。それらに対して、修復的正義の考え方も応用しながら取り組む方法を模索している。

5　日本での修復的正義の可能性——とくに、水俣や福島などの環境災害事例をもとに

北米で、キリスト教文化の影響を強く受けながら始まった修復的正義であるが、それは、日本でも実践可能なのだろうか。

(1) 日本での修復的正義の応用の動向

修復的正義が学問上で日本に紹介されたのは、二〇〇〇年ごろに刑法学や被害者学の研究者らによってであったことをすでに述べた。実践面では、その直後に、犯罪での被害者加害者対話に関して、弁護士の山田由紀子らが「被害者加害者対話の会」(現・NPO法人対話の会)を開始した。二〇一〇年代以降には、いわゆる犯罪事例だけではなく、学校教育への応用、高齢者ケアへの応用、水俣病公害事件や東京電力福島第一原発事故などの環境災害からの再生への応用が日本でもされ始めた。

学校での応用についての提案や研究は、スクールソーシャルワークの分野で山下英三郎らによってなされ、実践では、埼玉の自由の森学園などで保護者を中心として実践を導入するチャレンジがなされている。高齢者ケアでは、梅崎薫らが、サークルプロセス(円座対話)を応用した高齢者の虐待予防等の取り組みを行っている。筆者石原も、二〇一七年から、認知症をめぐる葛藤の変容支援を通じて「人生の終末期の和解」というテーマに取り組んでいる。筆者がより長く取り組んでいるテーマは、先に述べた公害を含む環境災害への応用である。環境災害では、コミュニティの全員が加害被害の関係性に巻き込まれて分断するなど、内戦地とも近い問題構造もある。筆者は、水俣病公害事件や東京電力福島第一原発事故による地域の人間関係の分断への変容支援に、修復的正義の考えを応用して取

り組んできた。

以下では、この水保病公害と原発災害の事例を中心に紹介しながら、修復的正義の日本への応用の可能性について考えてみたい。

（2）水俣病公害事件の被害者の思想と動きにみる修復的正義

①水俣病公害事件の経緯と構造

筆者は、公害事件の被害地域である水俣に住み、研究と活動を続けている。

水俣病公害事件は、九州の熊本県南端にある水俣市で、化学工業企業であるチッソの工場排水に含まれた有機水銀による汚染で、多くの命が奪われ、多くの人が生涯にわたる病と障害を持つことになった事件である。最初に汚染された水が海に流され始めたのは一九三〇年代といわれるが、最初の患者が公式に届けられたのは一九五六年のことであった。当初は、原因も明らかでなく、見たこともない病であったため「奇病」として対策が取られた。一九五九年には、熊本大学医学部研究班を中心とする厚生省の特別部会と、加害企業であるチッソの附属病院では、それぞれ別々に、この「奇病」の原因が工場排水の有機水銀であることを突き止めた。しかしこのことは、その後九年間にわたり、国とチッソによって事実上伏せられてしまう。一九五九年という敗戦後の当時の日本で、化学工業製品を輸出できていた唯一の企業がチッソであり、奇病の原因を認めるとチッソの製品製造はやめなければいけなくなるため、日本の経済発展が遅れるのではないかと国はおそれ、チッソも被害者の命や健康よりも経営を優先したのだった。隠された九年間も含め、汚染された水が流され続けた間、何万の人が病や障害を得させられ、壮絶な苦しみの末に命を奪われた人も多数いた[7]。

水俣病公害事件の悲劇は、単に化学物質で命が奪われたということだけではなかった。原因が隠され続けた九年の間には、この病が伝染病であるという間違ったイメージが定着され、患者への差別が横行した。また原因が公表されてからも、このチッソは水俣地域の経済を支える会社であったため、患者として救済を求める人たちに対して「チッソをつぶす地域の敵」「補償金などの金欲しさによるニセ患者」という非難中傷が集まった。一方で、全国的には、水俣病の症状がなかったとしても水俣出身というだけで「うつるのでは」「遺伝するのでは」といわれ結婚が破談になるなど、水俣病についての間違った認識による水俣地域出身者への差別が横行した。このように差別された水俣住民は、怒りの矛先をチッソに向けるのではなく、「患者が声を上げるから、水俣のイメージが悪くなって我々が差別されるのだ」と地域に住む患者に怒りを向けた。その中で、家に水俣病の症状を持った人が出ても、差別を避けるために隠して病院にもいかない人も多く、その人たちがまた、声を上げる患者を差別するという構造にもつながった。

水俣には、内戦地と近い構造がある[8]。一つの地域の中で、多くの命が奪われ、多くの人が障害を得させられ、その加害者と被害者が一つの地域に同居している。そのことから派生して、あらゆる立場の違いや感情的な対立による傷つけ合いの連鎖が地域住民の中で起こった。人と人の信頼が壊れていった。

このような中で未来に向かうためには、単に加害企業を法律的に罰して終わりではなく、住民が真にこのことに向き合い、加害者と被害者が共に話し合って責任をとり、癒されていく和解のプロセスが必要だ。しかし当時の水俣に、修復的正義のファシリテーター（対話支援者）がいたわけでもなく、また被害者一人ひとりに比べれば巨大な力をもつ加害企業や国が、心を開いて被害者と対話することは簡単に起こるはずもなく、水俣病事件の裁判や行政認定での駆け引きが続く中、一度壊れてしまった住民同士の和解つまり関係の修復は進まないまま、国による原因公表からも二十年のときが流れていった。

②水俣の被害者にあらわれた修復的正義の精神

しかし水俣では、不思議な現象が起こった。前々章で、理想的な修復的正義のプロセスが進むときには、加害者と被害者の間で「ステップ①出会う・向き合う（Encounter）」「ステップ②悔い改める（Amends）」「ステップ③再統合する（Reintegration）」「ステップ④共に歩み出す（Inclusion）」というプロセスが見られることが多いことを述べた。水俣には、まるでこのステップをすでに経験したかのような、被害性と加害性を深く内的に統合し、正義を見失わずに目指しながらも、加害者をゆるすと公言し生きる被害者のリーダーたちが出現した。

例えば、漁師で被害者の緒方正人は、家族親族の多くが水俣病で殺され、障害を得て、自らの体も水銀の影響を大きく受けた。若いころ、患者リーダーとして正義を求め、行政などを相手に激しい運動を展開してきた。しかしいくら訴えても、人間としてのこころある答えが返ってこないことに悩んでいたある時期に、「狂いの体験」と自らが呼ぶある種の霊的な変化を経験し、その後「私自身がチッソであった。チッソにゆるしが必要である」という言葉を残し、加害者を敵として闘う運動から身を引き、人間が汚した海に再び漁師として戻り、その後は、加害者か被害者か、企業の人か行政の人か患者かなどの立場を問わず、すべての人と「個として」向き合う対話と祈りの運動を、個別に展開していった[9]。この被害者と加害者の立場を越えた「個として」の対話の営みは、まさに広義のそして本質的な修復的正義の対話であった。

また、同様に漁師で被害者の杉本栄子も、家族親族の多くを水俣病で亡くし、自らも水俣病になった。そればかりか小学生のときに、地域で最初の患者として母が発症すると、「うつる」などと村人から石を投げられ差別される体験をした。その差別に復讐をしたいという栄子に、漁師の網元であった栄子の父は「復讐してはいけない。村人は昔は良い人であった。水俣病を『のさり』と思え」と諭した。「のさり」とは、水俣の言葉で「授かりもの」「天からの恵み」というような良い意味で使う言葉である。被害者でありながら、自分や家族の命や尊厳をも奪う水俣病を「天からの恵み」と受け取るとはどういうことか。苦しみもがきながら、栄子は、父の教えに向き合った。のちに大人になり栄子は、「この水俣病は、山や海を壊してしまった人間への神の怒り。みんなの代わりに私たち患者が病んでいる[10]」「水俣病が隣の人ではなく自分のところにきたことを、喜びとする[11]」「チッソの人たちも助かりますようにと祈り、人間そしてわが身の罪に侘びて祈る。チッソも、行政も、ゆるす[12]」といった。そして、栄子は、加害者側の人が自分の家に何かの用事で来たときに、彼らを家にあげ、「食べんね（食べなさい）」と食卓に招いた。被害者からののしられるのではないかと恐れながら訪ねてきた加害者側の人は、拍子抜けして、食事をいただきながら、一人の人間としての友達のような会話・対話が始まった。その自然な人と人としての対話の中で、加害者は、被害者がどれほど理不尽な経験の中で苦しんできたかを初めて知ることとなり、そこで愕然として、自らの責任に気づき、責任を取るための行動に押し出されていった、という話が、水俣にはいくつも残っている[13]。

このように水俣では、修復的正義の「被害者加害者調停」といった大上段に構えたプログラムこそなかったが、苦悩の中からある種の境地に達した被害者が先に「ゆるす」と公言し、加害者をも招き、そこから責任と癒しへの対話が自然に始まるという現象が起きた。このような現象を専門用語では「いざないとしてのゆるし（invitational forgiveness）」と呼ぶ。被害者によるゆるしが、加害者が責任に向き合うことをいざなう。水俣では、「もやいなおし」と呼ばれる地域の壊れた人間関係の再生の取り組みが、一九九〇年代前半から行政にも主導されて行われるが、この「もやいなおし」の動きも、上記の被害者たちが精神的支柱となって可能となったものであった。

（3）水俣と福島の交流

東京電力福島第一原発事故と水俣病公害事件は問題の構造が似ている、といわれる。東京電力福島第一原発事故は地震と津波という自然災害をきっかけにして起こった災害という点はあるが、両方とも、人間が作った技術による汚染物質を、国策的な産業を担う巨大企業が放出し、地域が汚染されて、人間を含む多くの動植物に被害が及んだ。地元の地域の人々は被害を受けたが、同時にその地域には、その企業や関連企業で働く人も多くいて、地域経済はその加害企業によって支えられていた。すなわち地域に被害者と加害者が同居し、さらには、一人の住民が被害者であり加害者である可能性もある状況があった。

このような中、東京電力福島第一原発災害でも、地域内や家族の中にも様々な人間関係の分断が起こった。原発事故自体の加害者側か被害者側かといった大きな立場の違いのみならず、避難するかしないか、放射能はどの程度危ないか危なくないか、賠償金をもらったかもらえなかったかといった生活上での立場や判断の違いによる分断も多く起こり、その中で傷つけ合いも多く起こった（Ishihara et al. 2012 他）。筆者は、原発災害後の人間関係の分断の変容支援すなわち地域の和解の支援に、修復的正義の考え方も応用して取り組んだ。

当初、修復的正義のプログラムの王道である加害者被害者対話のプログラムを想定したが、二つの大きな障壁があった。一つは、巨大組織と心からの対話をすることの難しさであった。現在の国内外の社会構造の中で、東京電力という巨大企業は自らを保身できる立場にもあり、被害者の前に心から向き合い対話するテーブルにつくことは起こり難い。もう一つの障壁は、日本人、特に東北の人間関係調和型の文化であった。そこでは、普段は、何か少々不快なことがあっても耐えて水に流して調和を保つが、ひとたび顔を見たくないほどの対立関係をもち調和を放棄してしまうと、その対立を修復するために直接対話をすることは極めて難しい、という文化があるように見えた。

そこで筆者は、加害者と被害者あるいは傷つけあった者同士の直接対話の代わりに、福島と水俣の交流プログラムを行うこととした。水俣には、独特の修復的正義と和解の文化が醸成されたことを先に述べた。福島のリーダーを水俣に案内し、水俣の人々の中に宿る修復的正義・和解の魂に出会ってもらう旅を、コーディネートした（Ishihara 2019）。

福島の若手リーダーと水俣の人たちの出会いのプロセスの中では、不思議な修復的正義の対話が生まれた。水俣病患者の家族である語り部を、福島の若者たちと共に訪ねたときであった。その語り部の方は、子どものころに大切な家族が水俣病で病んで亡くなっていく寂しさと恐怖と心細さを語り、そのようなつらさから逃げ出したくて、若いころに水俣を一度出て都会に住んだことがあったという過去を語ってくれた。しかしその話のあと、その方は号泣して次の言葉を語った。「自分がこのつらい水俣病の問題から若いころに逃げず、もっと早く向き合っていたならば、福島の原発事故は防げたのではないかと思うと、君たちに申し訳ない」と泣きながら謝られた。そのとき、福島の若者たちもみな号泣していた。コーディネーターであった筆者も泣いていた。本来被害者である水俣病の語り部が、福島の若者に自らの加害性を謝罪するというのは、普通に頭で考えれば筋の通らない話だ。しかし、その水俣病語り部の方のこころからの謝罪の涙が、確実に福島の若者の魂に触れていた（石原 二〇一六）。

また水俣の若者たちと福島の若者たちの対話も生まれた。水俣の若者たちは、水俣病公害事件の第二、第三世代である。福島の若者たちは、原発事故の第一世代である。その意味で、水俣の若者たちは福島の若者たちの「未来」であり、逆に福島の若者たちは水俣の若者たちにとっての「過去」であった。「未来」に不安のある福島の若者と、「過去」にまだ癒させぬ傷のある水俣の若者の間での対話が生まれた。「過去」と「未来」を修復しながら、共に、このようなことが二度とない新しい未来という正義を目指していく対話が編まれた。

この福島と水俣の交流プログラムが、修復的正義のプログラムとしてどのような意味があるのかについての学問的考察は、ここでは紙幅の関係で割愛せざるを得ない。しかし、起こったことに向き合い、しかし和解に向かっていくための魂の対話は、直接の被害者と加害者の関係性を越えてすら起こっていくこと、また、日本には日本独自の修復的正義のエッセンスを生かした和解が起こりえるかもしれないということを示唆したく、このストーリーを紹介した。

6　おわりに

本稿では、和解のための実践哲学として、修復的正義の精神とその可能性というテーマで論じてきた。修復的正義の実践は、キリスト教メノナイト教派の人々から開始され、極めて新約聖書的なイエスに倣う正義と和解の道であることを述べた。

この極めてキリスト教的な修復的正義が日本で可能かについては、理論上も実践上も様々な議論がある。大学の授業で修復的正義を教えると、その議論の中で「修復的正義の考え方は立派だし美しい。しかし日本社会の文化と合うだろうか。日本には、武士道や仏教などの思想がある。理不尽なことがあっても決して文句を言わず、耐えて、手放していく。そのような精神と修復的正義は相いれるのか」というような意見も出る。日本では、犯罪後の被害者加害者対話の取り組みが欧米ほどには普及しなかったことからも、「日本人には合わないのではないか」という意見をいう人もいる。また文化的問題よりも構造的な問題として、水俣病公害事件や原発災害のように巨大権力が加害者である場合には、修復的正義など無理だ、という人もいる。しかし、上記で紹介した水俣の被害者の人たちの在り様や、水俣と福島の方々の間に生まれた響き合いは、修復的正義やそれによる和解と無縁どころか、修復的正義の精神性の真ん中に響くものがそこにはあると感じる。しかも興味深いのは、その精神はキリスト者ではない水俣病被害者の漁師たちの中から生まれてきた。そしてこの魂に触れて、実際に教会に集うキリスト教信徒が「そこにイエスがいる」と感動する、ということも実際に起こっている。

修復的正義の実践を開始して理論的支柱を作ったゼアは「修復的正義はプログラムではなく、制度でもなく、コンパスである」といった。修復的正義は、形ではなく、目指す方向性だという意味だ。形式だけの被害者加害者対話であったり、和解を目指すと口でいってもその本質的な精神性や方向性が異なったりすれば、それは修復的正義とはいい難い。逆に、見た目は被害者加害者対話でなくても、精神性や方向性が共有されていれば、それは修復的正義といってよい、とゼアはいう。

水俣の被害者の中から出てきた「ゆるす」といって加害者をも受け入れ、招き入れ、対話を紡ぎ、共に正義を紡ぎだしていく営みのプロセスには、修復的正義の専門家もファシリテーターもいなかった。構造的暴力の中で苦しみぬき、そこに向き合い続けた被害者からその思想が生まれた。水俣病の語り部の方と福島の若者たちの涙の出会いの事例では、直接の原発事故の加害者ではなくて、この社会の先人としての水俣病被害者から、福島の若者へのこころからの涙の謝罪があり、それを聞いた福島の若者のこころに確かに「謝罪」が届いた。直接の加害者が対話のテーブルにあがったわけではなく、「和解の完成」ではないが、この出会いは、これから長く時間のかかる原発事故に関する正義と和解のプロセスの大きな一歩で、そこに向かって生きる力を福島の若者たちに与えたことは確かではないか。

修復的正義の精神にのっとった和解が日本で起こる可能性はと問われれば、私は、可能であると答えたい。このような和解は、加害被害に向き合うことよりも水に流すことを大事としがちな日本社会において主流にはならないかもしれないが、修復的正義の精神には、人類の普遍の精神が含まれていることを、水俣の被害者たちは教えてくれているのではないか。同時に、水俣に向き合うとき、イエスはどこにいるのか、ということを常にキリスト教信徒として問われている気がしてならない[14]。正義なしには平和はなく、ゆるしなしには正義はない。このことの意味を改めて考えたい。

注

（1）「ゆるす」の漢字表記は、日本語では「許す」や「赦す」などがあるが、「許す」は主にこれから起ころうとすることについての許可 permit の意味で、「赦す」は既に起こった被害加害行為や既にある罪や義務・債務についての対応 forgive の意味である。本稿で論じたいのは「赦す」に関することであるが、本稿では読みやすさや引用元の表記に配慮して、「ゆるす」と平仮名で表記する。

（2）前々ローマ教皇ヨハネ・パウロ二世は、二〇〇二年一月一日世界平和の日にあたり、上記の題名のメッセージを説いている。ローマ教皇庁ウェブサイトより。http://w2.vatican.va/content/john-paul-ii/en/messages/peace/documents/hf_jp-ii_mes_20011211_xxxv-world-day-for-peace.html（二〇二〇年三月九日閲覧）。

（3）①から⑥は世界各国で実施されているプログラム形態の例だが、⑦は筆者が独自に開発したもの。

（4）刑事司法には、懲罰的な側面と同時に、既存の法律（ルール）を基準とするという側面が含まれる。修復的正義では、懲罰よりも修復への責任に焦点をあてて対話し取り組んでいく中で、そこに起こった痛みから学び新しく倫理を構築し血肉にしていくという側面があると、筆者は実践の中から感じている。

（5）この法と国家という言葉を、ルールと学校というように置き換えると、学校教育での違反行為へのアプローチについての「従来の視点」と「修復的しつけ」の視点の違いも浮かび上がる。

（6）このあらすじは、筆者作成で、（石原二〇二〇）にも同じあらすじを掲載している。

（7）水俣病患者やそれによる死者の数、すなわちチッソ工場からの排水中の有機水銀で何人の人が影響を受けて病気になり何人が亡くなったかについては、包括的な疫学調査が行われていないため、現在まで不明である。水俣病患者とて行政認定を受け公健法による補償を受けた者、裁判によって勝訴した者、一九九五年の政治解決による医療手帳・保健手帳の交付対象者、上記以外で裁判提訴後に和解して救済を受けた者、二〇一〇年の特措法で対象となった者（保健手帳からの切替者以外）など、水俣病公害事件に関して何らかの制度的救済の対象となった人数だけでも六万人以上に上る。それ以外に、水俣病公害事件の初期には何の認定も救済も受けずに苦しみ亡くなった人、申請をしても救済対象にされなかった人、水俣病の症状があっても偏見を気にして申請できない人、自分の考えとして申請しない人、実際には影響を受けたが健康被害を自覚していない人もおり、この公害事件で何らかの形で健康に影響を受けた人は少なくとも十万人、多く考える専門家では二十五万人という人もいる。

（8）水俣と内戦地の共通構造については、一つには本文に書いたように、地域で多くの命が失われ、その加害者と被害者が同じ地域に同居しているということであるが、もう一つには、その悲劇が、地域の中の人ではなく、地域を越えた大きな権力構造（水俣は国の経済優先策、内戦では多くの場合植民地支配など）によって引き起こされたという構造的暴力としての共通点もある。

（9）（緒方二〇〇一）などに詳しい。

（10）ここでいう「神」は「水神様」や「山神様」など日本で伝統的に生活の中でまつられる神が想定されている。「みんなの代わりに患者が病む。それを喜びとして受け取る」といった杉本栄子の思想に、キリストの受難の思想がそこにあることを指摘する者もいるが、杉本栄子本人の宗教的バックグラウンドは、漁師としてのアニミズム的世界観、民衆信仰と仏教系のバックグラウンドであり、彼女がキリスト教の影響を受けたという事実は筆者が調べる範囲ではない。

(11) 西山正啓監督による映画『のさり』を参照のこと。

(12) 杉本栄子の家族による水俣病犠牲者慰霊式での祈りの言葉による。具体的には、二〇〇九年の夫の杉本雄による祈りの言葉、二〇一五年の長男の杉本肇による祈りの言葉による。

(13) 筆者が水俣に住む中で地元の方々から聞く話による。

(14) 水俣市内には三つのキリスト教会があるが、いずれの教会も、地域の対立的関係性の中で、必ずしも水俣病患者に寄り添う立場をとってきたわけではなかった。その一方で、キリスト教会の信徒ではない漁師たちの中から、修復的正義すなわち極めて新約聖書的な受難とゆるしの思想や行動が出現し、実際に、その彼らの霊性にキリスト教会の信徒が触れて「そこにキリストを見た」と感銘を受けるということも少なからず起こっている。このことに向き合うとき、筆者は常に、キリストはどこにいるのか、教会とは何なのかという問いを投げかけられていると感じている。

文献

Ishihara, Akiko, Annia Keosavang, Elmer Maribiran, Carl Stauffer, "Peacebuilding through Restorative Dialogue and Consensus Building after the TEPCO Fukushima 1st Nuclear Reactor Disaster," Eubious Journal of Asian and International Bioethics, Vol.22(3), 111-117, 2012 (Ishihara et al. 2012).

Ishihara, Akiko, "Conflict Transformation Practice for Fukushima: The past encounters the future through a transformative tour to Minamata," Takao Takahashi, Nader Ghotbi and Darryl R. J. Macer, eds., *Philosophy and Practice of Bioethics across and between Cultures*: Eubios Ethics Institute, 11-27, 2019 (Ishihara, 2019).

Yoder, Carolyn, *The Little Book of Trauma Healing: When Violence Striked And Community Security Is Threatened*, Goodbooks, 2005 (Yoder 2005)（第４章の邦訳は、キャロライン・ヨダー「第４章　癒されないトラウマの連鎖サイクル」（石原明子訳）『トラウマの癒し――暴力が襲い、コミュニティの安全が脅かされたとき』熊本大学文学部論叢107号、105―117頁、二〇一六年。第五章の邦訳は、キャロライン・ヨダー「第５章　連鎖サイクルを断ち切る――トラウマからの回復と癒し、そして安全」（石原明子訳）『トラウマの癒し――暴力が襲い、コミュニティの安全が脅かされたとき』熊本大学文学部論叢108号、139―156頁、二〇一七年）。

Zehr, Howard, *Changing Lenses: A New Focus for Crime and Justice*, Herald Press, 1990（邦訳は、ハワード・ゼア『修復的司法とは何か――応報的司法から関係修復へ』西村春夫、細井洋子、高橋則夫監訳、新泉社、二〇〇三年）。

Zehr, Howard, *The Little Book of Restorative Justice: Revised and Updated*, Goodbooks, 2015 (Zehr 2015)（二〇〇二年に出版された同書第一版の邦訳は、ハワード・ゼア『責任と癒し――修復的正義の実践ガイド』森田ゆり訳、築地書館、二〇〇八年）。

石原明子「東京電力福島第一原発災害下で起こっている地域や家庭等での人間関係の分断や対立について：水俣病問題との比較と紛争解決学からの一考察」熊本大学社会文化研究11号、1―20頁、二〇一三年（石原二〇一三）。

石原明子「福島と水俣の交流を通じて」『福音宣教』二〇一六年四月号、オリエンス宗教研究所、二〇一六年（石原二〇一六）。

石原明子「対立や葛藤から未来への変化を生み出す――戦略的コンフリクト変容への招待」『TASC MONTHLY』514号、7―13頁（石原二〇一八）。

石原明子「生と死の現場に立ち現れる和解と赦し――犯罪、ルワンダ、水俣、終末期ケア、認知症をめぐって」荻野蔵平、トビアス・バウアー編『生と死をめぐるディスクール』九州大学出版会、二〇二〇年（石原二〇二〇）。

緒方正人『チッソは私であった』葦書房、二〇〇一年（緒方二〇〇一）。

安川文朗・石原明子編『現代社会と紛争解決――学際的理論とその応用』ナカニシヤ出版、二〇一四年。

参考ウェブサイト

水俣市立水俣病資料館「平成21年度　水俣病犠牲者慰霊式　式辞・祈りの言葉　水俣病患者・遺族代表　杉本雄『祈りの言葉』」、水俣市立水俣病資料館ウェブサイト　https://minamata195651.jp/requiem_2009.html（二〇二〇年一月十二日最終閲覧）
水俣市立水俣病資料館「平成27年度　水俣病犠牲者慰霊式　式辞・祈りの言葉　水俣病患者・遺族代表　杉本肇『祈りの言葉』」、水俣市立水俣病資料館ウェブサイト　https://minamata195651.jp/requiem_2015.html（二〇二〇年一月十二日最終閲覧）

映像作品

Jackson, Lisa F. (Director), Meeting with A Killer: One Family's Journey, The System (TV Series). 2001
西山正啓（監督）『のさり　杉本栄子の遺言』、二〇〇四年

被造物のケアと社会的包摂——総合的(インテグラル)なエコロジーをもとに

吉川　まみ

1　はじめに

二〇〇一年、日本カトリック司教団はカトリック教会にとって生命倫理の教書として位置づけられる『いのちへのまなざし』を出しました。その後、ゲノム編集などのバイオテクノロジーやＡＩ（人工知能）など新たな科学技術が続々と登場し、実用化されつつあります。社会のあらゆる事象が相互に複雑につながり合い、二十一世紀の初めには想像もできなかった倫理上の諸問題が浮上し、いのちの始まりと終わりをめぐる環境は大きく変わってきています。

こうした高度情報化時代の社会変化をふまえ、司教団は二〇一七年『いのちへのまなざし』の増補新版を出しました。ここには原発問題や環境問題も新たに加えられています。増補新版の発刊にあたり司教団は教皇フランシスコの回勅『ラウダート・シ』（LS）日本語版の出版をあえて待ったといいます。そのような増補新版で司教団は環境問題について次のように語っています。

教皇フランシスコは、二〇一五年に発表した回勅『ラウダート・シ』において、繰り返し

「総合的なエコロジー」について語っています。それは、生まれてくるいのちを見守る生命倫理と、自然環境を保護する環境倫理の課題を、総合的に理解しようとする姿勢を表しています。この「総合的なエコロジー」はまた、社会倫理の課題、すなわち人と人を一つにし、平和な社会を建設する努力も他の課題と不可分なものであるとする考え方です。本章で取り上げる生と死をめぐる諸問題は多岐にわたりますが、そのすべてはつながっています。そこにおける、いのちを守り開花させるための働きは、神の創造のわざへの協力であり、神との協働であると、わたしたちは信じています。[1]

そこで、本稿では、『ラウダート・シ』や教皇メッセージを手掛かりに、すべてのいのちをいつくしまれる神のまなざしへの参加、被造物のケアとしての環境保護について考えたいと思います。

2 地球環境の危機的状況

まず、国際社会で共有されている地球環境問題についての客観的理解をふまえ、それから教皇フランシスコが世界に向けて発するメッセージを概観します。そうすることで、一般的な見方とは異なるキリスト教ヒューマニズムにもとづく環境問題の見方を考えたいと思います。

（1）地球温暖化と炭素吸収源の危機

二〇一四年IPCC[2]「第五次評価報告書」は、現在の温暖化が人為的影響による現象であるとほぼ断定しました。とりわけここ三十年間の気温上昇が顕著で、現状が続けば今世紀末の地球の気温は産業革命前の水準と比べ、最大で四・八度上昇すると予測しています。報告書によれば、温暖化による海の酸性化は、海洋生態系にも大きなダメージを与えています[2]。

翌二〇一五年十二月、この報告書をもとに「第二十一回気候変動枠組条約締約国会議（COP21）」が開催され[3]、同十二日「パリ協定」が採択されました。「パリ協定」は、これからの気温上昇を二度未満に、できれば一・五度に抑え、世界全体で今世紀後半、人間活動による温室効果ガス排出量を実質的にゼロにすることを目指して、先進国・開発途上国の区別なく気候変動対策の行動をとることを義務づけたもので、歴史上初めての合意となりました。ところが、二〇一八年十月には、IPCC「1・5℃特別報告書」[4]は、「パリ協定」の合意にもかかわらず、今のままでは地球の表面温度は二〇三〇年から二〇五二年の間に一・五度上昇に達する見込みで、そうなれば、世界中のサンゴ礁の七十％から九十％は死滅し、二度上昇すればほぼ全滅するであろうとの衝撃的な予測を発表しています。気温上昇を一・五度未満に抑えることは不可能なことではないものの、革新的な取り組みによって、現時点よりも二酸化炭素排出量を四十五％も削減しなければならないということです。これが、世界各地で環境と気候の非常事態宣言を出す自治体が広がりつつある背景です。

地球温暖化の問題を軽減するためには、二酸化炭素をはじめとする温室効果ガスの排出量を抑制することが不可欠です。しかし、大切なことはそれだけではありません。地球上では、海洋や森林などが二酸化炭素を吸収し、地球の大気循環や水循環を健やかに保つ働きをしています。プラごみで海が汚染されたり、開発や伐採などで森林が減少したり枯渇することで二酸化炭素吸収力が劣化し、地球の気温上昇に拍車がかかります。二〇一六年一月、世界経済フォーラム年次総会（通称「ダボス会議」）で発表された「プラごみ報告書」[5]では、世界のプラスチック生産量は一九六四年からの五十年で二十倍以上も増加し、海洋の蓄熱や、毎年海に流れ込む八百万トンのプラごみが、二〇五〇年には魚の数を上回るとの予測が報告され、世界中に衝撃を与えました。

（2）人間、社会、格差の問題としての地球環境問題

グローバル経済市場における「大量生産・大量消費・大量廃棄」の構造は、地球温暖化の主要な原因のひとつであるとみなされています。エネルギーの使用による二酸化炭素排出量の増大をもたらす「大量生産」は、同時にその原料である自然資源を「大量消費」します。大量の資源調達のプロセスは自然の本性的な再生スピードを超えて、森林枯渇や生物多様性の減少を招き、炭素吸収源としての力を衰弱させせながら持続不可能な開発を促します。

この構造上の問題が典型的に表れているのが世界の熱帯雨林です。地球上に残る広大なアマゾン盆地、コンゴ盆地、スマトラの三つの熱帯雨林の中でも、とりわけアマゾン熱帯雨林は〝地球の肺〟にたとえられるほど、地球全体の大気と水循環の健やかさを保つ働きをしています。しかし、一九七〇年代から大規模な開発が始まり、鉱物資源の採掘、商用材の伐採、油田開発、商用作物の単一栽培や家畜穀物飼料のための大規模農地開拓と焼き畑、資源運搬のための鉄道や道路の敷設、ダムの建設な

どなど、熱帯雨林は大量生産の原料供給地のように扱われてきました。

この姉妹は、神から賜ったよきものをわたしたち人間が無責任に使用したり濫用したりすることによって生じた傷のゆえに、今、わたしたちに叫び声を上げています。（LS.2）

熱帯雨林の開発プロセスで、野生動物だけでなく、先住民たちも住処を追われています。先住民は土地に根差して生活しているからこそ、土地の生態系を守ることができます。彼らが土地を追われることは、生態系の崩壊だけではなく、生の営みの多様性の消滅、地球全体の大きな損失をも意味します[6]。

また、アマゾン熱帯雨林で調達される資源は、さまざまなプロセスを経て、最終的には先進国で大量に消費される小型家電やスマホ、貴金属、肉類、加工食品・菓子など、私たちのライフスタイルに欠かせない商品の原料として年々消費拡大しています。例えば、豊かな食生活を彩るおいしい牛肉一キログラムのために十一キログラムもの穀物飼料が必要とされます。世界で毎日約四〜五万人が飢餓で亡くなる一方で、世界中の農地の約七割がこうした家畜飼料の確保のために使われ、その多くが熱帯雨林の開墾で賄われているのはやはりおかしなことです。

地球上でわずか二〜三割にも満たない先進諸国の人々の豊かな食生活と食料廃棄量も相関関係があります。消費者庁によれば、日本の食糧廃棄量は年間六百四十三万トンです。しばしば食産業において、食べられずに捨てられる賞味期限切れの食品や、食べ残しなどが指摘されますが、年間の廃棄量の総量の内訳は食品関連事業者から三百五十二万トンで、残りの半分近くの二百九十一万トンが一般家庭から出されていることも知る必要があるかと思います[7]。

教皇は回勅の中で「環境と社会の悪化は、地球上のもっとも弱い人々に影響」(LS.48) することを繰り返し強調していますが、二〇一九年六月には、食料廃棄の問題に関して「浪費がさらけ出すのは、物事や物を持たない人への無関心」であり、「食べ物を捨てるのは人間を捨てることを意味します」と語っています[8]。

(3) 国際社会へのさまざまな教皇メッセージ

教皇フランシスコは、二〇一三年教皇に選出されて以来、対話や連帯を大切にしながら地球環境問題を憂慮するさまざまなメッセージを投げかけています。

例えば、国連の「世界環境デー」(二〇一三年六月五日) の教皇一般謁見の講話では、「使い捨て文化」が環境といのちの軽視を招いていると述べています。そして、「使い捨て文化」とは、他の人たちの必要に何の価値も見出さない文化であり、失いつつあるのは創造に対する驚きや観想、耳を傾ける姿勢だと指摘しています[9]。

二〇一五年五月、教皇は環境問題についての回勅『ラウダート・シ』を発表し、社会的弱者と自然環境が同時に傷つけられていく両者の密接なつながりを繰り返し強調しています。同年九月の国連総会では国連持続可能な開発目標SDGsが採択され、総会文書の〝誰一人取り残さない〟という言葉が世界中で話題になりました。この時、教皇フランシスコは国連に招かれ、総会で冒頭演説を行い

〝人々の人権と環境を保護し、共通善への奉仕を〟と訴えかけています。

二〇一六年には、抽象的な貧困が私たちに課題を投げかけることはなく、真のキリスト教的な慈善のわざに求められるのは、言葉と行いによる個人的な関わりであると述べています。そして、イエスがパンと魚を増やした奇跡の前に、弟子たちに群衆に食べ物を与えるよう命じたことも大切な教訓だと付け加え、それが私たちに教えているのは、私たちが持っているものは少なくても、それをイエスの手に委ね、信仰によって分かち合えば、あふれるほど豊かになることだと説いています[10]。

二〇一八年には、教皇はペルーを訪問し、アマゾン熱帯雨林の開発で傷ついた先住民たちに「声に耳を傾けに来た」と語り、「生命の擁護と地球の擁護、文化の擁護に全面的に取り組むこと」を確約し、二〇一九年秋に開催予定の、「アマゾン地域特別シノドス」に向けて共に働くようにと呼びかけています[11]。

また、教皇は「気候変動を訴える学校ストライキ」を始めた十六歳（二〇一九年七月現在）の環境活動家グレタ・トゥーンベリさんにも声援を送っています。二〇一九年七月にはバチカン市国内の使い捨てプラスチック製品の販売を、在庫が無くなり次第すべて停止し、通常ごみの七十〜七十五％リサイクルをめざすと発表されました[12]。

3　回勅『ラウダート・シ――ともに暮らす家を大切に』

日本の司教団は『いのちへのまなざし』増補新版で、環境問題におけるさまざまなつながりを次のように語り、回勅『ラウダート・シ』が指針であると述べています。

環境問題についての考え方も大きく進展しています。環境問題をそれ単独のものとして考えるのではなく、貧困や格差といった経済問題、社会問題、さらには諸文化や世代間にまたがる倫理をも包括して捉え、世界規模でその危機に立ち向かうべきであると理解されるようになってきました。これに関してはフランシスコ教皇の回勅『ラウダート・シ』が指針となります[13]。

(1) 表題ラウダート・シとアシジの聖フランシスコ

教皇フランシスコの『ラウダート・シ――ともに暮らす家を大切に』は回勅として発表されています。回勅とは、教皇が公表する公文書の一種で、信者の信仰生活を指導することなどを目的に、通常は全カトリック教会にあてて発せられる重要度の高い教書です。環境問題についての回勅としてはこれが初めてのものです。また、回勅の中でも、特に社会の問題について書かれたものを社会回勅、あるいは社会教説などと呼びますが、教皇自ら『ラウダート・シ』は社会回勅に位置付けられると述べています(LS.15)。

表題の「ラウダート・シ」とは、環境保護の聖人として知られる中世後期のアシジの聖フランシスコの「太陽の賛歌」からとられています。「太陽の賛歌」のなかで、聖フランシスコは被造物の美しさを通してその造り主である主を賛美し、〝ラウダート・シ、ミ・シニョーレ〟(私の主よ、あなたはたたえられますように)と繰り返し謳っています。この〝あなたはたたえられますように〟という一節を表題に、地球を〝ともに暮らす家〟にたとえて副題がつけられています。

回勅の本文も〝ラウダート・シ、ミ・シニョーレ〟からはじまり、冒頭でアシジの聖フランシスコの美しい賛歌によって地球が「わたしたちの生を分かち合う姉妹のような存在」（LS.1）であることを思い起こしています。そして、被造物としての私たちもまた自然の一部であり、「わたしたちは地球の大気を呼吸し、地球の水によって生かされ元気をもらっている」（LS.2）、「無関心でいられるものはこの世に何一つありません」（LS.2）と語りかけています。

回勅全体を通して「貧困問題と環境問題の同根性」、「経済を巻き込む政治を牛耳る技術至上主義の脅威」、「自然の中の人間の位置とその責任」、「健全な集団的意思決定を支える対話の重要性」、「文化を変容させうるライフスタイルの確立の必要性」という五つの主題[14]が繰り返し言及されています。また、私たちに外在する自然資源の上に現れる環境問題も、「内的な意味での荒れ野があまりにも広大であるがゆえに、外的な意味での世の荒れ野が広がって」（LS.217）いるととらえ、人間の内なる世界と環境問題とのダイナミックなかかわりを前提にしているところにこの回勅の特徴があります。

（2）回勅の概要

第1章「ともに暮らす家に起きていること」では、「科学的研究による今日ある最高の成果を活用して」（LS.15）、汚染、気候変動や水問題のほか、生活の質の低下や格差、不平等の問題など、現在の生態学的危機が有するさまざまな側面を概観しています。また、そこから始まる倫理的・霊的道筋の具体的基盤を示すべく、「ますます巨大なゴミ山の体」（LS.21）をなし始めているわたしたちの家である地球の問題が、「使い捨て文化と密接につながっており、そうした文化では、ちょうど物がすぐゴミにされてしまうのと同様に、排除された人々が悪影響を被る」(LS.22)のだと指摘します。

第2章「創造の福音」では、ユダヤ・キリスト教の信仰にもとづいて神の似姿として創造された私たちの本来の人間観、世界観が確認されます。神の似姿として造られ、統治の任を賦与された私たちが、本来のあり方を拒んだ「この断裂が罪」(LS.66)として理解されるからこそ、環境問題は信仰の次元であり普遍的な和解のテーマであるということです。そのうえで教皇は、使い捨て文化を作り上げてしまった私たちが、「大地に対する絶対的支配の主張に終止符を打ち、人間をしかるべき場所に連れ戻す最善の道は、世界を創造し、その唯一の所有者である御父の姿について今一度語り直すこと」(LS.75)だと述べています。

第3章「生態学的危機の人間的根源」では、地球規模の環境問題の主要な原因、「大量生産・大量消費・大量廃棄」の構造の背後にある「技術主義パラダイム」や「浪費的で消費主義的な『過剰な発展』」を指摘し、「人間性の刷新なしに、自然とのかかわりを刷新することは不可能です。適切な人間論なしのエコロジーなどありえません」(LS.118)と述べています。そして、〝適切な人間論〟にもとづくエコロジー概念として提示されたのが、回勅の中心でもある第4章「総合的（インテグラル）なエコロジー」です。第5章「方向転換の指針と行動の概要」では、その総合的（インテグラル）なエコロジーを生きるために「個人としてのわたしたち一人ひとりを巻き込み、また国際的な政策にも影響を及ぼす、対話と行動に向けた、より幅広い提案」(LS.15)をし、最後の第6章「エコロジカルな教育とエコロジカルな霊性」は、動機づけや教育過程なしに変革は不可能であるとの確信に基づいて、「人間的発展のために刺激となる指針を、キリスト教の霊的体験の宝庫からいくつか提示」（LS.15）したいと、「エコロジカルな霊性」、「エコロジカルな回心」、「エコロジカルな教育」、「健全な謙遜」、「幸いな節欲」という新しい言葉を提示しています。

4 「総合的な（インテグラル）エコロジー」の概念

（1）人間の生の基本関係からみる人間観・世界観

このような地球規模の環境問題を背景として、一つの指針として提示されたのが、回勅の中心的なキーワード「総合的な（インテグラル）エコロジー」です。回勅の冒頭で「この世界で人間が占める特別な立場と、自らの周囲との関係を組み込んでいくエコロジー」（LS.15）であり、教皇はアシジの聖フランシスコが「総合的な（インテグラル）エコロジーの最高の模範」（LS.10）であると述べています。

「すべての人は愛から創造され、神にかたどり神に似せて造られた（創世記1・27参照）と聖書は教えます。これは、『単なる物でなく、人格』であり、『自分を知り、自分を所有し、自分を自由に与え、他の人々と親しく交わることができる』一人ひとりの人のはかりしれない尊厳を示しています」（LS.65）。

神の似姿として造られた人間は、被造界のさまざまなものを託され「すべて支配せよ」（創世記1・28）と神に命じられています。この支配せよという言葉は、自然をほしいままに利用することを肯定するかのようなニュアンスで受けとめられがちですが、聖書学者らの研究によれば支配という言葉にはケアという意味合いがあるそうです。つまり、被造物それぞれに賦与された本性を損ねることなく守る、ケアするという意味です。ここから、しばしばキリスト教では自然とのかかわりにおける人間の役割が「スチュワードシップ」、「自然界の信託管理人」という言葉で表現されます。

キリスト教ヒューマニズムにおいて、人間とは〝かかわりの存在〟であると表現されますが、「神と、他者と、自然と、自分自身との見事な調和」というかかわりで捉える人間観は、「総合的なエコロジー」を理解する基本になっています。また、「総合的なエコロジー」を生きるとはどういうことかがアシジの聖フランシスコの生き方をふりかえる次のような一節にも示されています。

彼は殊のほか、被造物と、貧しい人や見捨てられた人を思いやりました。……神と、他者と、自然と、自分自身との見事な調和のうちに生きた神秘家であり巡礼者でした。自然への思いやり、貧しい人々のための正義、社会への積極的関与、そして内的な平和、これらの間の結びつきがどれほど分かちがたいものであるかを、彼はわたしたちに示してくれます。（LS.10）

歴代の教皇たちもあるべき人間観、世界観をその根拠とともに語っています。例えば、前教皇ベネディクト十六世は二〇一〇年「世界平和の日」教皇メッセージで次のように説いています[15]。

聖書の啓示は、自然が造り主の与えたたまものであることを理解させてくれます。造り主は自然に本来の秩序を与え、人間がそこから『そこを耕し、守る』（創世記2・15）ために必要な原則を引き出すことを可能にしてくださいました。

聖ヨハネ・パウロ二世は、一九九〇年「世界平和の日」教皇メッセージで、「平和的な社会のためには、生命の畏敬を無視することはできず、また、創造の業のもつ内的統一を無視することもできない」[16]と、被造物一つ一つに賦与されている本性だけでなく、被造界全体に賦与されている一つの本性秩序についても語っています。

(2) 自然の中の人間の位置とその責任

教皇フランシスコは、これら歴代の教皇メッセージを引用しつつ、回勅の第2章「創造の福音」では、ユダヤ・キリスト教の伝統に基づいて、「人間の世界とのかかわりについて、創造の神学の全体を繰り返さなくても、広く知られている聖書の物語から学ぶことができます」(LS.65) と述べていますす。そして、聖書の物語、創世記冒頭の第1章の創造記事に基づいて、被造物でありかかわりの存在でもある私たち人間本来の姿を次のように説いています。

創世記の中の創造記事は、それぞれ象徴的で物語的な言語で、人間存在とその歴史的現実についての意味深長な教えを語ります。密接に絡み合う根本的な三つのかかわり、すなわち、神とのかかわり、隣人とのかかわり、大地とのかかわりによって、人間の生が成り立っていることを示唆しています。聖書によれば、いのちにかかわるこれら三つのかかわりは、外面的にもわたしたちの内側でも、引き裂かれてしまいました。この断裂が罪です。わたしたちがずうずうしくも神に取って代わり、造られたものとしての限界を認めるのを拒むことで、創造主と人類と全被造界の間の調和が乱されました。このことによって、わたしたちに賦与された、地を「従わせ」(創世記1・28参照)「そこを耕し、守る」(創世記2・15)という統治の任にゆがみが生じたのです。その結果、もともとは調和が取れていた人間と自然とのかかわりが不調和を来すようになりました(創世記3・17—19参照)。(LS.66)

瀬本は、自然の中の人間の位置とその責任について、人間も被造物であり、自然の一部でありながら、「人間は、決して『自然の一部にしか過ぎない(merely a part of nature)』存在ではない」[17]と表現しています。「生命の中での人間の特別な位置すなわち人間の固有性を忘れてはならない。私たち人間は、まさに、自然との関係の在り様に関与し得る存在であり、またそれゆえにこそ、その関係の中身について責任を問われる存在」なのです[18]。

回勅ではまた、神や隣人とのかかわりなくして、自然とのふさわしい関係の回復は不可能であるということが、人間の尊厳と全人的な人間観によって次のように述べられています。

……人間の有する根本的なかかわりのすべてをいやすことなく、自然や環境とのかかわりをいやしているふりはできません。キリスト教思想は人間を、他の被造物を超える格別の尊厳を有するものとして理解しており、それゆえ、一人ひとりを重んじ他者を尊重するよう説いています。それぞれが、認識すること、愛すること、そして対話に参加することのできる「汝」である他者に開かれてあることは、人格としての貴さの源泉であり続けています。ですから、被造世界との正しいかかわりを守るためには、他者への開きというこの社会的側面も、神である「汝」への開きという超越的次元も軽視してはならないのです。他者との、そして神とのかかわりから隔絶した環境とのかかわりなどありうるはずもありません。そのような環境とのかかわりは、エコロジーの衣をまとった感傷的な個人主義以上のものではなく、わたしたちを息苦しい引きこもり状態に閉じ込めることでしょう（LS.119）。

5　教皇フランシスコといつくしみ

「いつくしみ」はキリスト教の思想では中心的な概念の一つであり、教皇フランシスコの神学のキーワードでもあります。いつくしみの特別聖年は、必ずしも明確でないこの重要な言葉の意味を考える一つの招きです[19]。

(1) 神の愛の表現としての「いつくしみ」と「あわれみ」

二〇一五年『ラウダート・シ――ともに暮らす家を大切に』を発表した後、教皇は第二バチカン公会議閉幕五十周年目に当たる十二月八日に「いつくしみの特別聖年」を開年し、それからの一年間をいつくしみを証しするカトリック教会の使命を強調するための年としました[20]。

「イエス・キリストは、御父のいつくしみのみ顔です。キリスト者の信仰の神秘は、ひと言でいえばこの表現に尽き」（大勅書1）、「わたしたちは、つねにいつくしみの神秘を観想しなければなりません」（大勅書2）と「いつくしみの特別聖年」の大勅書は述べています。

「いつくしみ深く御父のように」（ルカ6・36による）という大聖年のモットーは、御父に倣い、人を裁かず、罪に定めず、むしろゆるし、愛とゆるしを限りなく与える（同6・37―38参照）、そうしたいつくしみを生きるよう促しています。ロゴマークは、よい羊飼いが人のからだにしっかりと触れ、それもその人の人生を変えるほどの愛を込めて触れるということがよく伝わるようデザインされています[21]。

いつくしみの特別聖年のロゴ

高見大司教によれば、しばしば聖書の中で「いつくしみ」は「あわれみ」と同じ文脈で用いられています。「いつくしみ」と訳されている聖書のことば（ヘセド）は、「いとおしむ、大切にする」ことと「忠実さ」を意味しています。つまり、神のいつくしみは、人間の反抗や無関心などに左右されることなく、常に変わらず徹底して、すべての人をいとおしむということです。一方、「あわれみ」と訳されているヘブライ語（ラハミーム）は、子どもを宿す「母胎」や「腸（はらわた）」を指すことばで、母親が自分のおなかを痛めた子どもをいとおしむ情愛を意味し、そこから、苦しむ人や悲しむ人を見て、深く心を動かされる、れんびんの情を意味します。結局、神の「いつくしみ」は、「すべてのものをどんなことがあってもいとおしみ、大切にすること」を意味し、神の「あわれみ」は、特に苦しみや困難な状況にある人々に向けられる神のいつくしみを表していると言えます。そして神は、ご自分のすべてを与え、相手のすべてを受け入れる愛そのものですが、いつくしみとあわれみはともに神の愛の現れと見ることができるでしょう。[22]

このように、神の愛の現れとして理解しうるいつくしみは、「わたしたちへと向けられた神の行為を指すキーワード」であり、「神はご自分の愛を約束なさるだけではなく、それを見えるもの、触れることのできるものとなさいます。やはり愛は、決して抽象的なことばではありえません。愛は、その本性から具体的な営みです。日常生活の中で確かめることのできる、意図であり、姿勢であり、行動です」（大勅書9）。

ゆえに、具体的な行動としての慈善のわざが、社会的に排除された人々、神のいつくしみを最も必要としている他者に向けられたいつくしみの奉仕であると理解できます。

「わたしの心からの願いは、この大聖年の間にキリスト者が、身体的な慈善のわざと精神的な慈善のわざについてじっくりと考えてくださることです」（大勅書15）。

（2）いつくしみの三つの意味と社会的側面

教皇の思想において、「いつくしみ」は少なくとも三つの意味を持っています。「ゆるし」と「他者への開き」、「奉仕」です。[23]

「神のいつくしみとは抽象的な概念ではなく、わが子のことでからだの奥からわき起こる親の愛のように、神がご自分の愛を明かす具体的な現実なのです。実に『はらわたがちぎれるほどの』愛ということです。この愛は深い自然な気持ちとして心からわき起こるもので、優しさ、共感、寛大さ、そしてゆるしの気持ちです」（大勅書6）。「イエスは、ゆるすことと与えることもわたしたちに求めています。わたしたちは神からすでにゆるしを受けたのですから、ゆるしの道具となりなさい、と」（大勅書14）。

また、「自分とはまったく異なる周縁での生活――現代世界がしばしばその劇的な状態を引き起こしています――を送るすべての人に心を開くことです」「多くの尊厳を奪われた兄弟姉妹の傷をよく見るために、目を開きましょう」（大勅書15）と、他者への開きを促しています。ここでいう他者とは、「神のいつくしみの優先対象」（大勅書15）である貧しい人々、社会的に排除された人々のことです。こうした人々に対してのいつくしみの実践こそが「奉仕」として示されます。

このように、いつくしみ、あわれみが持つ意味を探ると、それらはわたしたち自身の心が開かれ、いつくしみのわざの実践へと駆り立てられていくプロセスであると理解することができます。また、次節で述べるように、それを教皇は「心で始まり手に至る旅」という言葉で表しています。

（3）私たちの共通の家と被造物を大切にする「いつくしみのわざ」

回勅が出された翌二〇一六年九月一日、教皇は東方正教会にならい、「被造物を大切にする世界祈願日」を制定し、「わたしたちの共通の家にいつくしみを」という副題をそえて「被造物を大切にする世界祈願日メッセージ」を出しました。これには回勅の主要なメッセージが強調され、「いつくしみのわざほど、わたしたちを神と結びつけるものはありません。いつくしみによって、主はわたしたちをゆるし、ご自分の名のもとにいつくしみのわざを行う恵みを与えてくださるからです」（5　いつくしみの新たなわざ）と述べています。

そして、いつくしみの特別聖年の大勅書でも呼びかけられたように、キリスト者の生活における「伝統的な身体的な慈善のわざと精神的な慈善のわざの実践」それぞれに「わたしたちの共通の家を大切にする」新しいわざも加えるようにと呼びかけています。

慈善のわざ全体に目を向けると、慈善のわざが対象としているのは、人間のいのちそのものと、そのいのちに含まれるすべてのものであることが分かります。いうまでもなく、「人間のいのちそのものと、そのいのちに含まれるすべてのもの」の中には、わたしたちの共通の家を大切にすることが含まれます。したがって、七つのわざからなるこの二通りの伝統的な慈善のわざに一つ、補足することを提案させてください。慈善のわざに、「わたしたちの共通の家を大切にすること」が含まれますように。（5　いつくしみの新たなわざ）

キリスト者の伝統的な「精神的な慈善のわざ」とは、「疑いを抱いている人に助言すること、無知な人を教えること、罪びとを戒めること、悲嘆に打ちひしがれている人を慰めること、もろもろの侮辱をゆるすこと、自分に害を及ぼす人を辛抱強く耐え忍ぶこと、そして生者と死者のために祈ること」（メッセージ注釈10）です。ここで、教皇が新たに加えるようにと呼びかけられた精神的な慈善のわざとしての「わたしたちの共通の家を大切にすること」は、回勅の二箇所を示して「被造界の観想」（LS.85）「神の世界を感謝のうちに観想する」（LS.214）ことだと述べています。

一方、キリスト者の伝統的な「身体的な慈善のわざ」とは、「飢えている人に食べさせること、渇いている人に飲み物を与えること、着る物をもたない人に衣服を着せること、よそから来た人を歓待すること、病者を訪問すること、受刑者を訪問すること、そして死者を埋葬すること」（メッセージ注釈10）です。身体的な慈善のわざとしての「わたしたちの共通の家を大切にすること」について教皇は、回勅の230項および231項の二つの箇所を示しながら、「暴力や搾取や利己主義の論理と決別する、日常の飾らない言動」であると述べています。また、こうした「相互配慮のささやかな言動を通してあふれ出る愛はまた、市民性にも政治性にも見られるものでもあり、よりよい世界を造ろうとする一つ一つの行為において感じられるものです」（LS.231）。

6　被造物のケア――「社会に向かう愛」と「共通善」

(1)　被造物のケアとしての貧しい人々の「社会的包摂（ソーシャルインクルージョン）」と「共通善」

身体的な慈善のわざとしての「わたしたちの共通の家を大切にすること」には、個人の身近な日常生活やそのかかわりにおける相互配慮と、より社会的な次元での行為が示されていました。この社会的な次元に注目すると、これが回勅序文の「皆がともに暮らす家を保護するという切迫した課題は、人類家族全体を一つにし、持続可能で全人的な発展を追求するという関心を含意」（LS.13）するという意味が伝わってきます。

前節で、いつくしみのわざは、わたしたち自身の心が開かれ、いつくしみのわざの実践へと駆り立てられていくプロセスとして理解できると述べましたが、教皇はあわれみを「心で始まり手に至る旅」という言葉で表しています。

あわれみは、心から始まり、手で、つまり慈善のわざに行き着く旅なのです。あわれみは、心で始まり手に至る旅だと申し上げました。心に、イエスのあわれみを受けます。わたしたちはイエスからすべてをゆるしていただきます。神はすべてをゆるし、わたしたちを起き上がらせ、新しいいのちを与え、ご自分のあわれみをわたしたちに差し出してくださるからです。そのゆるされた心から始まり、そしてイエスのあわれみを携えて、手での活動に向けての、つまり慈善のわざに向かう旅が始まります[24]。

同様に、回勅では被造物のケアという具体的なコンテクストで次のように語ります。「社会に向かう愛と共通善への取り組みは、個人間のかかわりだけではなく『広範な関係（社会、経済、政治）』にも影響する愛徳の傑出した表現です。……社会に向かう愛は、日々のささやかな言動を重視しつつ、環境悪化を食い止め、また『ケアの文化』を促進し社会全体に浸透させる、もっと大掛かりな戦略を考案するようにとわたしたちを駆り立てます」（LS.231）。

一般的に、「社会的排除（ソーシャルイクスクルージョン）」の対概念である「社会的包摂（ソーシャルインクルージョン）」という語は、弱者のない人々を包む社会、すべての人が尊厳ある生き方を保つことができ、人が他者とつながり、お互いの存在価値を認め、そこにいるのが当然であると認められるような場をさします[25]。この語は、新しい社会学的な貧困概念として、既存の経済学的で量的な尺度のみでは見えてこなかった貧しい人々の社会的排除の状況を可視化するものとして、近年注目が高まっています。

これらの概念の福音的な意味が、使徒的勧告『福音の喜び』の「福音宣教の社会的次元」―「Ⅱ貧しい人々の社会的包摂」においても強調されています。貧しい人々とは、「新たなかたちで現れている貧困と弱さ」すなわち、「家のない人、依存症の人、難民、先住民族、孤独のうちに見捨てられてしまう高齢者などのこと」、「人身売買の標的となる人々」、「疎外され、虐待され、暴力を受け苦しんでいる女性」、「出生前の子ども」、「経済的利益に翻弄され、無差別な利用に供される存在」など、「弱く無防備な存在」です[26]。

こうした社会的弱者の尊厳ある生活のための必要を満たすという意味で、社会的包摂は言うまでもなくいつくしみのわざの実践です。言い換えれば、こうした社会的弱者を意図的に優先しすべての人々の全人的な発展をうながす共通善を拡充することは、被造界全体で一つの本性秩序を賦与された社会全体の発展の本質的な意味でもあると言えます。

だからこそ、「総合的な（インテグラル）エコロジーは、社会倫理を統一する中心原理である共通善の概念と不可分なものです。共通善とは、『集団と個々の成員とが、より容易に自己完成を達成できるような社会生活の諸条件の総体』のことです」（LS.156）。共通善の原理とは、「全人的な発展に向けて譲渡不可能な基本的諸権利を賦与された人格として人間を尊重すること」（LS.157）であり、共通善は、配分的正義への格別の配慮にもとづく社会的な平和、何らかの秩序がもたらす安定や安心を要求します（LS.157）。また、共通善の実効ある達成のための「不可欠な倫理的要請」（LS.158）が、連帯と、もっとも貧しい兄弟姉妹のための優先的選択です。

さらに、〝地球は預かりもの〟という論理に立てば、世代間の連帯は、任意の選択ではなく責務であり、この意味で環境問題は「正義の根本問題」（LS.159）であると教皇は説いています。

7　環境保護と心の平安とライフスタイル

回勅では、国際機関、行政、企業、学校、NPO／NGO、市民組織、草の根団体、地域コミュニティ、家庭、個人など、あらゆる立場からの環境保護にかかわる取組みに対してメッセージを投げかけています。世界全体が現行の生活様式を転換していくことを促し、回勅には「ライフスタイル」という言葉が二十四回も登場していますが、いつくしみの特別聖年の大勅書には「自分の生活スタイル」という言葉が次のような一節に示されています。

わたしたちを回心に導くみことばを黙想するために、沈黙の価値を取り戻すということです。そうすることで、神のいつくしみを思い巡らし、それを自分の生活スタイルとすることができるようになります。[27]

同様に、回勅の終盤で教皇はめざすべきライフスタイルについて、「生活の質についての別種の理解を示し、消費への執着から解放された自由を深く味わうことのできる、預言的で観想的なライフスタイル」（LS.222）と表現しています。そのために不可欠なのが「多様な宗教的伝統に、また聖書にも見いだせる、古来の教訓」である「より少ないことは、より豊かなこと」という確信を思い起こすようにと呼びかけています。

また、キリスト教の霊性は「節度ある成長とわずかなもので満たされる」ことを提言し、「より少ないことは、より豊かなこと」の意味を「人生の中で与えられる可能性に感謝するために、自分が所有するものへの執着を捨てるために、ないことを悲しみ挫けることがないように、小さなことに立ち止まってそれを味わえるようにしてくれる、あの素朴さへと立ち帰るということ」（LS.222）だと説いています。このようなライフスタイルは、ひっきりなしに氾濫し続ける新たな消費財に心を惑わされ、一つ一つの物事を大切にできなくされることから私たちを解放し、一瞬一瞬を大切により深く味わい感謝し、ささやかなことをよりよく生きて、理解や自己実現というはるかに大きな地平へと導いてくれる霊性なくして実現することは不可能です。こうした霊性によって育まれるものを教皇は、「健全な謙遜、あるいは幸いな節欲」（LS.224）と呼んでいます。

「総合的（インテグラル）なエコロジー」は、神とのかかわり、隣人とのかかわり、自然とのかかわりだけでなく、自己とのかかわりも含むものとして示されましたが、「自分自身と和解」（LS.225）なくして幸いな節欲を養い育てることは不可能であり、自分自身との和解によってもたらされる心の平安は、「エコロジーや共通善を大切にすることと密接にかかわって」（LS.225）います。

なぜなら心の平安が真に味わい尽くされるならば、人生についてより深く理解させてくれる、驚くという力を備えた調和あるライフスタイルにそれが表れるからです。……総合的（インテグラル）なエコロジーが求めるのは、被造界との落ち着いた調和を回復するために時間をかけること、わたしたちのライフスタイルや理想について省みること、そして、わたしたちの間に住まわれ、わたしたちを包んでいてくださる創造主を観想することです。（LS.225）

8 おわりに

回勅『ラウダート・シ』では、巻末に二つの祈りが掲げられています。「一つは、全能の創造主である神を信じるすべての人とともにささげる祈り、もう一つは、イエスの福音が示す、被造界についての責任を引き受けることができるようにと願う、わたしたちキリスト者の祈り」です（LS.246）。二〇一六年の「被造物を大切にする世界祈願日メッセージ」の最後には、この二つの祈りのなかからそれぞれ一節ずつ引用した短い祈りがあります。そして、「とりわけ九月一日に、そしてその後は一年中、次のように祈りましょう」と呼びかけています。

おお、貧しい人々の神よ、

あなたの目にはかけがえのない
この地球上で見捨てられ、忘れ去られた人々を救い出すため、
わたしたちを助けてください。……
愛の神よ、
地球上のすべての被造物へのあなたの愛の道具として、
この世界でのわたしたちの役割をお示しください。
いつくしみ深い神よ、
あなたのゆるしを受けて、
わたしたちの共通の家全体に
あなたのいつくしみを運ぶことができますように。
あなたはたたえられますように。

アーメン

注

（1）日本カトリック司教団『いのちへのまなざし　増補新版』カトリック中央協議会、二〇一七年、「第三章　生と死をめぐる諸問題」82頁「すべてはつながっている」より。

（2）気候変動に関する政府間パネル（Intergovernmental Panel on Climate Change）の略。人為起源による気候

変化、影響、適応及び緩和方策に関して、科学的、技術的、社会経済学的な見地から包括的な評価を行うことを目的として、一九八八年に国連環境計画（ＵＮＥＰ）と世界気象機関（ＷＭＯ）により設立された組織。ＩＰＣＣ評価報告書は、五～六年ごとにその間の気候変動に関する科学研究から得られた最新の知見を評価し公表される。

（3）二〇一五年十二月二日から二週間フランス・パリで開催された。

（4）Global Warming of 1.5℃. ダウンロード先ＩＰＣＣ公式サイト https://www.ipcc.ch/sr15/

（5）ELLEN MACARTHUR FOUNDATION, The New Plastics Economy: Rethinking the future of plastics, 26. Jan., 2016　ＰＤＦ版ダウンロード先 https://www.ellenmacarthurfoundation.org/assets/downloads/EllenMacArthurFoundation_NewPlasticsEconomy_26-1-2016.pdf（検索日二〇一九年九月二十二日）

（6）LS.145, 146 参照。

（7）消費者庁消費者教育推進課、「食品ロス削減関係参考資料（令和元年七月十一日版）」、二〇一九年七月十一日発行より https://www.caa.go.jp/policies/policy/consumer_policy/information/food_loss/efforts/pdf/efforts_190710_0001.pdf

（8）「カトリック新聞」（カトリック新聞社）二〇一九年六月二日四四八四号より。

（9）「カトリック新聞」二〇一三年六月十五日四一九八号より。

（10）「カトリック新聞」二〇一六年十月三十日四三六〇号より。

（11）Pan-Amazon Synod - The Synod of Bishops for the Pan-Amazon Region, Amazonia: New Paths for the Church and for an Integral Ecology「総合的な（インテグラル）エコロジー」を指針とする準備文書。

(12)「カトリック新聞」二〇一九年七月二十八日四四九二号より。
(13)日本カトリック司教団『いのちへのまなざし　増補新版』カトリック中央協議会、二〇一七年。
(14)瀬本正之「『ラウダート・シ』の意義　環境時代（Ecozoic Era）の社会回勅」（『日本カトリック神学会誌』第29号、二〇一八年八月）、22―23頁。
(15)ベネディクト十六世「世界平和の日教皇メッセージ・平和を築くことを望むなら、被造物を守りなさい」（二〇一〇年）。
(16)ヨハネ・パウロ二世「世界平和の日教皇メッセージ・創造主である神とともに生きる平和、創造されたすべてのものとともに生きる平和」（一九九〇年）。
(17)瀬本正之「キリスト教ヒューマニズムに基づく環境教育『人間の尊厳に適う環境教育を求めて』」（『持続可能な社会への挑戦』［上智大学現代ＧＰ（環境リテラシー）事務局／二〇一〇年三月二十五日発行］）、14頁。
(18)同書、15頁。
(19)カトリック東京大司教区・上智大学キリスト教文化研究所共催二〇一六年度聖書講座、二〇一六年十一月十九日（土）、ホアン・アイダル「教皇フランシスコにおける『慈しみ』の意味」配布資料参考。
(20)教皇フランシスコ著、日本カトリック司教団訳『イエス・キリスト、父のいつくしみのみ顔――いつくしみの特別聖年公布の大勅書』（カトリック中央協議会、二〇一五年。Misericordiae Vultus BULLA DE IUBILAEO EXTRAORDINARIO INDICENDO, Libreria Editrice Vaticana , 2015）。
(21)カトリック中央協議会ホームページ（https://www.cbcj.catholic.jp/wp-content/uploads/2016/05/2015logo_jp.jpg）より。

(22) 二〇一六年二月十七日に東京カテドラル関口教会聖マリア大聖堂にて日本カトリック司教団が執り行った「いつくしみの特別聖年ミサ」での高見大司教による説教。カトリック中央協議会ホームページ(https://www.cbcj.catholic.jp/catholic/holyyear/jubileemercy/preach0217/)より。
(23) カトリック東京大司教区・上智大学キリスト教文化研究所共催二〇一六年度聖書講座、二〇一六年十一月十九日(土)、ホアン・アイダル「教皇フランシスコにおける『慈しみ』の意味」配布資料参考。
(24) 「慈しみの特別聖年」の期間中に行った一般謁見連続講話(二〇一六年八月十日 パウロ六世ホール)より。出典は、教皇フランシスコ『いつくしみ——教皇講話集』(ペトロ文庫)、145頁。
(25) 阿部彩『弱者の居場所がない社会——貧困・格差と社会的包摂』(講談社現代新書、二〇一一年)。
(26) 教皇フランシスコ『使徒的勧告 福音の喜び』(カトリック中央協議会、二〇一四年)、164—200頁。
(27) 教皇フランシスコ著、日本カトリック司教団訳『イエス・キリスト、父のいつくしみのみ顔——いつくしみの特別聖年公布の大勅書』、No.13。

文献

教皇フランシスコ『使徒的勧告 福音の喜び』カトリック中央協議会、二〇一四年。

教皇フランシスコ『いつくしみの教会——共に喜び、分かち合うために』明石書店、二〇一五年。

教皇ヨハネ・パウロ二世『回勅 いつくしみ深い神』カトリック中央協議会(ペトロ文庫)、二〇一五年。

教皇フランシスコ『いつくしみ——教皇講話集』カトリック中央協議会(ペトロ文庫)、二〇一七年。

Walter Kasper, *MERCY The Essence of the GOSPEL and the Key to Christian Life*, Paulist Press, USA, 2013.
瀬本正之「キリスト教ヒューマニズムに基づく環境教育——人間の尊厳に適う環境教育を求めて」(『持続可能な社会への挑戦』[上智大学現代GP(環境リテラシー)事務局、二〇一〇年三月二十五日] 3—21頁)。
瀬本正之「『ラウダート・シ』の意義　環境時代(Ecozoic Era)の社会回勅」(『日本カトリック神学会誌』第29号、二〇一八年八月所収)。
日本カトリック司教団『イエス・キリスト、父のいつくしみのみ顔——いつくしみの特別聖年公布の大勅書』カトリック中央協議会、二〇一五年。

あとがき

慈しみとまことは出会い
義と平和が口づけする。
まことは地から芽生え
義は天から目を注ぐ。
主はまた恵みを与え
我らの地は実りをもたらす。
義は主の前を進み
主の歩まれる道を備える。（詩編85・11―14、聖書協会共同訳）

上智大学夏期神学講習会、二〇一九年度は「日本カトリック神学の過去・現在・未来」と題して開催されました。二〇一九年は上智大学神学部創設六十周年を記念する年にあたり、また、二〇〇九年の人間学研究室との合併による新神学部としての出発から十周年という節目の年でもありました。日本的に言えば、神学部の還暦の祝い、新神学部の十歳（とゝせ）の祝いとなります。還暦という成熟さから見た「過去」と十歳という若々しさから見た「未来」――この真ん中に立って、今を生きる神学に携わる講師陣が「現在」を見つめた福音の内実を語る……、本書をこのような書として手にとっていただきたく存じます。

まず、本講演集に収められた内容を振り返ってみたいと思います。

第Ⅰ部「聖書・神学からの照らし」は、菊地功東京教区大司教の「いのちへのまなざし」で始まります。菊地大司教は、イエスのメッセージの中核にある「いのちの福音」がどのように実現していくかをお話しくださいました。日本司教団メッセージ『いのちへのまなざし』（増補新版）の主張ともいえる「互いに助け合って生きていく」精神は、山形県米沢の殉教者の時代からアフリカの「ガーナ・マジック」に至るまで、どの世界にも、どの民族の間にも、どの時代にも生きています。教皇フランシスコとともに菊地大司教は、無関心のグローバル化に逆らって、「虚しいシャボン玉」から出ていくようにと私たちを励まします。

光延一郎師は「カトリック教義神学のきのう・今日・明日——恩恵論の視点から」という表題で論じてくださいました。現代カトリック神学の見取り図において教義学の位置づけを示し、中でも重要な分野として「神学的人間論・恩恵論」を取り上げ、教父時代から新神学時代まで丁寧にひもとき、解説しています。「いやし」——愛への自由の恩恵、「引き上げ」——神のいのちへの参与としての恩恵、「ゆるし」——罪からの解放としての恩恵、この三つの恩恵の側面を明らかにし、未来に向かって、カトリック神学における一貫した神からの恵みの理論を提示しました。恩恵はまさにカトリック神学のうちに語り継がれています。

川中仁師は「J・H・ニューマンと第二バチカン公会議――第二バチカン公会議の先駆けとしてのニューマン神学」という論考をご寄稿くださいました。ニューマンの著作『教義発展論』において主張された「真正な発展」は、①類型の保持、②原理の連続、③同化力、④論理的継続性、⑤未来への期待、⑥過去の保守作用、⑦持続的力という七つの基準、つまり「標識」によって確認される。目に見える「形式」としては変化のさまざまな事象の中にいかにして真正な伝統を見定めていけるのか。川中師は、「変わる」ということを積極的な意味に解したニューマンの根本的問いが、第二バチカン公会議において徹底的に考察され、かつ、公会議文書の中に神学的言説として開花していく事を論じています。

第I部「聖書・神学からの照らし」は、「上智大学神学部六十年の歩みと今後の期待」と題された百瀬文晃師による講演で締め括られます。二〇一九年五月二十五日、およそ三百名の神学部OB、OGが一同に会する中、神学部のレジェンドと称される百瀬師の記念講演が行われました。百瀬師が上智大学に入学された年は終戦後十五年を経た一九五九年です。まさに、師は、戦後から今に至る上智大学全体を知る生き証人です。神学部も、上智大学全体も、時代の変遷とともに、いかにして変容の道を歩まねばならなかったか、師ご自身の言葉で証ししてくださいます。「荒波にただよう小舟のように感じる」ご経験は、おそらく師ご自身も経験されたのではないでしょうか。神学研究の使命に付随する現実も教えてくれます。

第II部「教会や世界への広がり」は、三好千春氏の「カトリック教会と神社参拝問題――『エクス・イルラ・ディエ』対『マクシムム・イルド』』から始まります。三好氏は、明治から昭和にかけての日本におけるカトリック教会と「国家ノ祭祀」としての神社との関係性を詳細な歴史資料をもとに提示します。私たちは、簡単に、明治期における日本の国家と宗教の合致した状態を「国家神道」という言葉で表しますが、第二次世界大戦に至るまでの一つ一つの過程を掘り下げるなら、当時の人びとが何を信仰し、何に拝礼し、自分たちのアイデンティティをいかにして確認しようとしていたかを垣間見ることができます。カトリック信者のみならず、人びとの多くが宗教心と日本人であることとのせめぎ合いの中に生きていました。三好氏の論考はカトリック神学研究において歴史的アプローチの重要性を実証しています。

原敬子は「『信仰のセンス』を識る――実践基礎神学の今日性」とし、国際神学委員会の最新の研究成果『教会生活における信仰のセンス――*sensus fidei*』の解説をしました。第二バチカン公会議以降、現代社会の変動の中で、教会に属するすべてのキリスト者が公会議の精神をどのように受容すべきか。この問いは、神学研究を営むすべての者が互いのコンセンサスとして理解すべきことでしょう。また、同時にこの問いは、司牧的現場での信仰生活に直結する問いでもあります。生来的なもの、本性、内省的認識と説明される「センス」について、具体的な信仰の現場で対話をし、「聴く」態勢を準備することだと述べています。

石原明子氏は「和解のための実践哲学――修復的正義の精神とその可能性」として、「修復的正義」研究の発端からの歴史を詳細に説明し、このプログラムがプロテスタントとの非常に親密な関係性から開始された経緯を提示しています。石原氏は紛争解決・平和構築学の専門家であり、かつ、さまざまなレベルの紛争の現場――戦争、学校教育、環境災害、高齢者ケア等――の中で、キリスト者として、そしてまさに実践哲学の実践者として、「和解」の使命に従事しています。このような研究活動の中で、石原氏は、水俣病公害事件の被害者のうちに熟していた修復的正義の思想を見出し、日本における「和解」の可能性を主張し、さらには、イエス・キリストの現存に参与しようとしています。

吉川まみ氏は「被造物のケアと社会的包摂――総合的（インテグラル）なエコロジーをもとに」において、教皇フランシスコの回勅『ラウダート・シ』の中核に据えられた精神と、現代世界における環境の危機的状況との決定的な接点の場を開こうと試みます。回勅『ラウダート・シ』を貫く主要概念である「総合的なエコロジー」とはいったい何なのか。それは、現代世界でいわれる「エコロジー」とどのように違うのか。教皇フランシスコの示す「ともに暮らす家」とは、まさしく、社会学的概念として近年注目される「社会的包摂」（ソーシャルインクルージョン）に重ねられていくことを吉川氏は私たちに想起させ、ヒューマニズムとしての人間の「かかわり」の場にこそ未来が開けてくることを論じています。

以上が、本講演集の全体です。また、本講演集には掲載されなかった講演も含め、以下、二〇一九年度の上智大学神学部創設60周年記念講演会「日本カトリック神学の過去・現在・未来」のプログラム全内容を記します。

七月十三日　第一講義　カトリック神学の原点としての中世スコラ哲学　山本芳久

第二講義　近代日本カトリック教会と日本の宗教　三好千春
第三講義　第二バチカン公会議とカトリック神学　川中仁
七月二十日
第一講義　二十世紀以降の聖書学の歩み　月本昭男
第二講義　カトリック教義神学のきのう・今日・あした　光延一郎
第三講義　アジョルナメントからの出発・実践基礎神学の今日性　原敬子
七月二十七日第一講義　被造物のケアと社会的包摂――総合的エコロジーをもとに　吉川まみ
第二講義　いのちへのまなざし　菊地功大司教
第三講義　和解のための実践哲学――修復的正義の精神とその可能性　石原明子

二〇一九年度開催したプログラムと本講演集の出版が上智大学神学部創設六十周年を記念した意義深い出来事であったということを、改めてここで感慨深く想い起こさざるを得ません。神学、しかもカトリック神学という、日本社会において、いわば特殊なものと見られがちなこの「学」が、事実、六十年にも亘って切れ目なく、各時代を生きた神学者たちの手から手へと渡され、口から口へと語り告げられ、今、私たちもこの学の営為に参与しているのです。

神学を営む者とは？

新たな心で読者の皆さまにも問いかけてみたいと思います。

二〇〇九年の新神学部の開始により、学部を構成する学生たちの多くは教会に属する信者ではなくなりました。多くの学生は、世界中に宣布されたキリスト教という宗教の歴史や芸術性、そして、その思想や精神性に興味を持ち、神学という学問を学んでみたいと「神学部」の門を叩きます。神学とは、誰が教え、誰が学ぶ学問なのでしょうか。このように大きく開かれた問いに対し、日々、私たちは真正面から向き合い、語って、聴き合い、対話をし続けます。おそらく、先人の残したテクストを読み、解釈し、自分の言（ことば）とし、社会のあらゆる現象に鋭い批判精神で立ち入っていくことでしか、答えを見つけることはできないでしょう。

このような私たちの日常にあって、本講演集に収められた論考に再度目を向け、思い巡らすなら、現在、私たちに開かれた神学的営為の地平がどこまでも拡がっていることに驚愕いたします。もしかしたら、自分の立っている半径二メートル以内の人間関係の再構築という場での神学なのかもしれない。あるいは、地球温暖化の問題に苦しむグローバルな場での神学なのかもしれない。神学的営為の場は全世界に広がっており、また、この営為の軸は、人間の心の奥深くを貫いて、その人の土台を堅固に養うことに開かれているのです。それは、神の愛の及ぶ場の広がりと深みにも匹敵することなのでしょう。

慈しみとまことは出会い
義と平和が口づけする。

冒頭に歌った詩編句、本講演集のタイトルです。
日本という地で、主イエス・キリストご自身の歩まれる道において、正義と平和の口づけを目撃し、目撃したことを証しすることができますよう願います。
終わりに、本講演集の出版を力づよく励まし、温かい心で同伴くださった日本キリスト教団出版局の加藤愛美氏に心からの感謝を申し上げます。そして、聖徒の交わりのうちに、上智大学神学部に関係されたすべての天の家族にも感謝の祈りをささげます。

二〇二〇年三月十九日　聖ヨゼフの祝日にて

原　敬子

編著者紹介（50音順）

石原　明子（いしはら・あきこ）

1973年東京都生まれ。国際基督教大学卒業、京都大学大学院文学研究科、米国カリフォルニア州立大学バークレー校公衆衛生大学院、米国イースタンメノナイト大学紛争変容大学院修了（文学修士、MPH、MA）。現在、熊本大学大学院人文社会科学研究部准教授（専攻：紛争変容・平和構築学）。特に修復的正義を専門とし、公害や環境災害で分断した地域コミュニティの再生や、認知症などをめぐる家族の葛藤と和解を研究。日本福音ルーテル教会会員。

〔著書〕『将来世代学の構想――幸福概念の再検討を軸として』（共著、九州大学出版会、2012年）、『現代社会と紛争解決学――学際的理論と応用』（共編著、ナカニシヤ出版、2014年）、『生と死をめぐるディスクール』（共著、九州大学出版会、2020年）他。

川中　仁（かわなか・ひとし）

1962年東京都生まれ。上智大学神学部卒業、同大学院神学研究科修士課程修了。ドイツ・ザンクトゲオルゲン哲学–神学大学博士課程修了。神学博士（Dr. theol.）。現在、上智大学神学部教授（専攻：基礎神学、イエズス会の霊性）。

〔著書〕*„Comunicación“. Die trinitarisch-christozentrische Kommunikations-struktur in den Geistlichen Übungen des Ignatius von Loyola*（Josef Knecht, 2005）, *Zur größeren Ehre Gottes. Ignatius von Loyola neu entdeckt für die Theologie der Gegenwart*（共著、Herder, 2006）,『史的イエスと「ナザレのイエス」』（共著、リトン、2010年）、『さまざまによむヨハネ福音書』（共著、同、2011年）、『和解と交わりをめざして――宗教改革500年を記念して』（共著、日本キリスト教団出版局、2018年）、『若者」と歩む教会の希望――次世代に福音を伝えるために』（共著、同、2019年）他。

菊地　功（きくち・いさお）

1958年岩手県生まれ。南山大学卒業、同大学院修士課程修了。神言修道会会員。カトリック新潟教区司教を経て、現在、カトリック東京大司教区大司教。

編著者紹介

〔著書〕『カリタスジャパンと世界』（サンパウロ、2005年）、『開発・発展・MDGsと日本』（同、2012年）、『「真の喜び」に出会った人々』（オリエンス宗教研究所、2017年）他。

髙山　貞美（たかやま・さだみ）

1955年福井県生まれ。南山大学大学院文学研究科神学専攻修士課程修了、教皇立グレゴリアン大学神学部博士課程修了。現在、白百合女子大学学長（専攻：キリスト教人間学、諸宗教の神学）。
〔著書〕『親鸞――浄土真宗の原点を知る』（「対談 島薗進（宗教学）×髙山貞美（神学）――親鸞、そのひらかれた可能性 外部からの問いかけ」河出書房新社、2011年）、『希望に照らされて――深き淵より』（共著、日本キリスト教団出版局、2015年）、『「知としての身体」を考える――上智式 教育イノベーション・モデル』（共著、学研マーケティング、2014年）。
〔論文〕「イエスの教えと歎異抄」（『キリスト教文化研究所紀要』第27号、2008年）、「遠藤周作と親鸞における『海』」（『カトリック研究』第80号、2011年）他。

原　敬子（はら・けいこ）

1965年広島市生まれ。広島大学大学院教育学研究科修了、Institut Catholique de Paris（パリ・カトリック大学）において神学修士号（STL）取得。上智大学大学院神学研究科博士後期課程において博士号取得。現在、上智大学神学部准教授（専攻：実践神学、宣教学、司牧神学）。
〔著書〕『キリスト者の証言――人の語りと啓示に関する実践基礎神学的考察』（教文館、2017年）、『宗教改革と現代――改革者たちの500年とこれから』（共著、新教出版社、2017年）、『「若者」と歩む教会の希望――次世代に福音を伝えるために』（編著、日本キリスト教団出版局、2019年）、『愛と喜びに生きる――奉献生活者たちのあかし』（編集・翻訳、ドン・ボスコ、2020年）他。

光延　一郎（みつのぶ・いちろう）

1956年東京都生まれ。上智大学哲学研究科、神学研究科修了（修士）後、ドイツ・ザンクトゲオルゲン哲学-神学大学博士課程修了（神学博士）。現在、上

智大学神学部教授（専攻：神学的人間論、創造・罪・恩恵・終末・マリア論）、「神学ダイジェスト」編集長。

〔編著書〕『キリスト教と人権思想』（編著、サンパウロ、2008年）、『神学的人間論入門――神の恵みと人間のまこと』（教友社、2010年）、『イエス・キリストの幸福――キリスト教の原点を見つめて』（編著、サンパウロ、2010年）、『希望に照らされて――深き淵より』（共著、日本キリスト教団出版局、2015年）他。

三好　千春（みよし・ちはる）

1965年愛媛県生まれ。援助修道会会員。日本女子大学卒業、奈良女子大学大学院修士課程修了。同大学院博士課程修了。博士（文学）。現在、南山大学人文学部教授（専攻：日本キリスト教史）。

〔著書〕『100年の記憶――イエズス会再来日から一世紀』（共著、南窓社、2008年）、『死と再生』（共著、日本キリスト教団出版局、2010年）、『戦時下のキリスト教――宗教団体法をめぐって』（共著、教文館　2015年）他。

百瀬　文晃（ももせ・ふみあき）

1940年東京都生まれ。イエズス会司祭。上智大学文学部哲学科、同大学大学院哲学研究科修士課程修了。ドイツ・ザンクトゲオルゲン哲学–神学大学博士課程修了。神学博士（Dr. theol.）。元上智大学神学部教授（専攻：教義神学）。現在、カトリック広島教区にて司牧に従事。

〔著書〕*Kreuzestheologie. Eine Auseinandersetzung mit Jürgen Moltmann* (Herder, 1978),『イエス・キリストを学ぶ――下からのキリスト論』（中央出版社、1986年）、『キリスト教の原点』（教友社、2004年）、『キリスト教の本質と展開』（同、2004年）他。

吉川　まみ（よしかわ・まみ）

1965年三重県生まれ。同志社女子大学卒業、慶應義塾大学大学院修士課程修了。上智大学地球科学研究科地球環境学専攻博士課程修了。環境学博士。現在、上智大学神学部神学科准教授（専攻：キリスト教人間学的な環境教育）。

〔著書〕『福音の喜び――人々の中へ、人々と共に』（共著、日本キリスト教団出

版局、2018年)、『大都市圏の環境教育・ESD』(共著、筑波書房、2017年)、『環境教育辞典』(共著、日本環境教育学会編、教育出版、2013年)他。

〔訳書〕教皇フランシスコ著『回勅　ラウダート・シ——共に暮らす家を大切に』(共訳、カトリック中央協議会、2016年)。

正義と平和の口づけ――日本カトリック神学の過去・現在・未来
上智大学神学部創設60周年記念講演会講演集

2020年4月25日　初版発行

編著者　髙　山　貞　美
原　敬　子

発　行　日本キリスト教団出版局

〒169-0051　東京都新宿区西早稲田2の3の18
電話・営業03（3204）0422、編集03（3204）0424
http://bp-uccj.jp/

印刷・製本　ディグ

ISBN978-4-8184-1059-6　C3016
日キ販
Printed in Japan